Krumme Beine

–

Mein Leben mit dem Personal

Anette Höhnke

Krumme Beine

–

Mein Leben mit dem Personal

Ein Hundeleben aus der Dackelperspektive

Bibliografische Information der Deutschen National-bibliothek:
Die Deutsche Nationalbibliothek verzeichnet diese Publikation in der Deutschen Nationalbibliografie; detaillierte bibliografische Daten sind im Internet über http://dnb.dnb.de abrufbar.

© *2017 Anette Höhnke*

Coverfoto: **Sandra Hullermann**

Herstellung und Verlag: BoD – Books on Demand, Norderstedt

ISBN: **9783743165182**

Für meine Dackel.

Es ist dunkel in der Wohnung. Und still. Und mir ist kalt. Ich habe mich frei gestrampelt, die weiche Fleece-Decke liegt nicht mehr wärmend auf meinem Rücken. Ich könnte aufstehen, um mich mühevoll selbst wieder unter den beruhigend großen Deckenberg zu winden. Wenn ich allerdings schon aufstehen muss, kann ich gleich die paar Zentimeter weiter zum Bett des Chefs robben. Steter Tropfen höhlt den Stein. Vielleicht habe ich ja heute Nacht endlich den erzieherischen Durchbruch – und darf ins Wasserbett. Ich denke noch kurz nach, dann wird es mir aber wirklich zu ungemütlich. Also wühle ich mich aus den verbliebenen Decken, schiebe meinen müden Körper zum Bett. Erwartungsgemäß ist der Chef durch das dezente Poltern bereits aus dem Tiefschlaf erwacht. Sicherheitshalber kratze ich noch einmal leicht mit der Pfote am Bettrahmen, lasse die Ohren hängen und lege eine gehörige Portion „armer Hund" in meinen Blick. Und tatsächlich, der Chef erhebt sich, hebt mich hoch, drückt und streichelt mich – und setzt mich dann doch wieder zurück in mein Körbchen. Liebevoll werde ich zugedeckt, während der offensichtlich sehr müde Zweibeiner etwas von „kleine Maus, schlaf weiter, es ist mitten in der Nacht..." murmelt.

Mir ist zwar nun wieder warm – aber mein Ziel, in das eigentlich in meinem Eigentum stehende Bett zu gelangen, ist nicht erreicht. Vorläufig. Die Nacht ist noch lang. Und ich bin hartnäckig. Außerdem kann ich morgen den ganzen Tag über den verlorenen Schlaf nachholen – mein Mensch nicht. Und das wissen wir beide.

Mein Mensch ist nämlich recht intelligent – sogar in meinen wissenden Dackelaugen. Ehrlich gesagt glaube ich, dass er auch den kleinen Machtkampf, den wir so gut wie jede Nacht ausfechten, als solchen erkannt hat. Bisher bleibt der Chef überraschend standhaft. Ich denke, ich muss hier an meiner Strategie arbeiten.

Ich sehe nicht ein, dass ich nicht mehr in meinem Bett schlafen darf, wann ich es möchte. Ich bin ein Dackel, ich habe mir dieses Territorium erkämpft und verdient. Allerdings habe ich leider ein körperliches Problem: vor einigen Jahren hatte ich plötzlich starke Rückenschmerzen, seitdem kann ich nicht mehr richtig laufen. Und vor allem: ich kann nicht mehr springen! Ich komme also ohne Hilfe leider nicht mehr überall hin. Darum muss ich unbedingt meine Arbeit an der Erziehung meiner menschlichen Mitbewohner optimieren. Eine Lebensaufgabe für einen Dackel.

Ich bin jetzt wach, dann kann ich auch ein wenig über mein Leben nachdenken, bis es Zeit für einen erneuten Erziehungsansatz wird.

So ein Dackelleben ist aufregend. Denn das bin ich: ein Dackel. Ein schwarz-roter Dackel mit kurzem, glänzendem Fell, klein, zierlich und aufgeweckt. Geboren wurde ich auf einem Bauernhof. Mein erstes Lebensjahr war allerdings nicht von so romantischen Begriffen wie Idylle, Weite oder heiler Welt geprägt. Meine Wurfgeschwister fanden alle schnell ein neues Zuhause – ich hingegen war zu klein geraten und entsprach auch sonst nicht dem züchterischen Anspruch meines damaligen zweibeinigen Fütterers. Da mich niemand in seine Obhut nehmen wollte, blieb ich dort und lebte mit meinem alten Dackel-Onkel in einer kleinen Hütte auf einem schmalen Streifen Beton neben dem Bauernhaus. Der Rinderstall auf der einen und das Hühnergehege auf der anderen Seite stellten die Begrenzungen dar, unterbrochen von einem Tor, durch das der Mensch, der mir regelmäßig Futter brachte, in unser Refugium eintauchte. Die einzige Zerstreuung, die sich uns geradezu aufdrängte, war ein eigentlich als Blumenbeet gedachter Haufen Erde – den wir regelmäßig auf verborgene Schätze hin untersuchten. Ich bin mir nicht sicher – aber es könnte mit dem Blumenbeet, unserer Langeweile und unserer Kreativität zu tun haben, dass sich dann plötzlich mein Leben komplett änderte. Der Chef (mein „echter" Chef, der mich mein zukünftiges Leben lang begleiten sollte) stand auf dem Hof, packte mich in eine fürchterliche, rumorende Kiste - und - Zauberei! - ließ mich an einer ganz anderen Stelle wieder hinaus. Ich hatte ja keine Ahnung, dass es hinter dem Gitter meines Betonwegs noch mehr „Welt" gibt... Und ich wusste auch nicht, dass ich den Bauernhof, meinen Onkel oder den rinderfütternden Zweibeiner niemals wiedersehen sollte.

Dafür erkannte ich, dass mein Leben als Dackel einen tieferen Sinn hat. Eine große Aufgabe, die zu meiner Lebensaufgabe werden sollte. Ich habe es sehr gut getroffen. Meine Menschen sind sehr nett. Allerdings ist mir schleierhaft, wie sie bisher ohne meine Unterstützung überleben konnten. Wenn ich darüber nachdenke: ständig muss ich sie vor den Gefahren des täglichen Lebens beschützen. Nun, niemand hat behauptet, es würde einfach. Aber es ist machbar.

Zu Beginn ganz wichtig: kein Hund sollte den ersten Zweibeiner, der sich als potentieller Beherberger anbietet, wählen, wenn der eigene Hundebauch nicht hundertprozentig von der Entscheidung überzeugt ist. Ich habe mich damals allen Interessenten von meiner nicht unbedingt besten Seite gezeigt. Bis mein Chef kam. Auch die beiden „kleinen Chefs" machten auf mich einen noch formbaren Eindruck. Der zweibeinige Nachwuchs ist übrigens wesentlich leichter zu erziehen, als die angeblich lebenserfahrenen, in ihren Vorstellungen oft schon sehr festgefahrenen, großen Zweibeiner. Ich machte mir keine großen Gedanken, dass der Mensch, den ich als Dosenöffner auserkoren hatte, sich nicht für mich entscheiden könnte. Ich bin mir meiner Macht bewusst - wenn ich etwas wirklich möchte, bekomme ich es auch.

Ich zog also vom Bauernhof in ein spießiges Einfamilienhaus in einer Kleinstadt. „Meine" Menschen und selbstverständlich auch ich begannen sofort mit der Erziehungsarbeit. Heute sage ich aus meiner Sicht: ich habe sie ganz gut hinbekommen.

Auch wenn dieses Projekt noch lange nicht abgeschlossen ist.

In der ersten Nacht verlangten diese Menschen ernsthaft von mir, alleine in einem Korb in einem Raum im Haus zu nächtigen, den sie „Küche" nannten. Gemeinerweise schlossen sie die Türen. Ein Entkommen war (zunächst) anscheinend unmöglich. Geschlossene Räume kannte ich bis dahin nicht. Und alleine war ich auch noch nie. Ein untragbarer Zustand. Mich überkam die blanke Verzweiflung. Ich begann, leise vor mich hin zu weinen und mich und mein Leben zu bedauern. Zu meiner Überraschung stand nach kürzester Zeit (ich hatte gerade wieder Luft geholt) der Chef im Raum, nahm mich in den Arm, streichelte und liebkoste mich. Mein Weinen und auch mein Weltschmerz lösten sich sofort in Wohlgefallen auf.

Ich war doch nicht verlassen worden! Natürlich musste ich nun alles tun, um diesen einzigen Menschen dieser Welt bei mir zu behalten. Ich ließ mich in den eigentlich ganz kuscheligen Korb legen und wurde liebevoll zugedeckt. Alles war gut. Dann merkte ich allerdings, dass sich der einzige Verbündete, den ich in dieser fremden Umgebung hatte, entfernen wollte. Instinktiv tat ich genau das richtige: ich weinte leise, aber hörbar verzweifelt. Der Mensch brauchte eine Weile, um zu lernen – aber verstand dann doch. Schließlich lag er auf einer Matte vor meinem Korb, legte eine Hand schützend auf meinen Kopf. So konnten wir dann beide die Nacht friedlich schlafend verbringen. Meine Welt war in Ordnung. Bis ich mal musste. Früher, im Zwinger auf dem Bauernhof, ging ich einfach ein paar Schritte vom Schlafplatz und erleichterte mich. Bei meinem neuen Menschen gestaltete sich das doch etwas schwieriger. Ich sollte und durfte offenbar nicht einfach auf den Boden „machen". Gut, war mir sowieso unangenehm, denn es spritzte. Weicher Boden ist zum Wasser lassen viel angenehmer, den fand ich aber in diesem seltsamen Raum nicht. Der Mensch wurde furchtbar nervös und hektisch – klemmte mich unter den Arm, rannte mit mir in das Wohnzimmer, öffnete die Tür zu einer großen, geheimnisvollen Welt. Ich war im Garten. Wie spannend! Jegliche Bedürfnisse waren sofort verschwunden. Ein Garten bei Nacht! Menschen behaupten immer, man sähe nichts. Mag sein, dass Menschen dann nichts sehen. Aber es duftet... Und überall sind Geräusche. Untersuchenswert! Nun, der mitgeführte Mensch war nach relativ kurzer Zeit offenbar etwas genervt. Ich bin ein guter Hund – ich wollte meinen neuen Chef nicht verärgern. Also habe ich mich erleichtert. Und war überrascht, wie glücklich dieser Mensch darüber war. Leider nahm er mich anschließend sofort auf den Arm, entfernte mich aus der spannenden Umgebung und verlangte ernsthaft, dass ich mich wieder in den Korb legte. Dabei wusste ich doch jetzt, dass es ein Leben außerhalb dieser Wände gibt. Müde war ich auch überhaupt nicht mehr. An diesem Abend stritt ich mich mit meinem Menschen zum ersten Mal. Und lernte: Druck allein bringt gar nichts. Ich legte mich hin. Und verstand natürlich sehr schnell, dass jedes mal, wenn ich wimmerte, mein Mensch mich wieder in den begehrten Garten brachte. Aha. So funktionierte das.

Ich habe in meiner Zeit mit den Zweibeinern viel gelernt, viel gesehen und viele Erfahrungen gesammelt. Vorab: Menschen sind gar nicht so kompliziert, wie es oft heißt. Sie sind mit relativ einfachen Mitteln zu beeinflussen (manchmal brauchen sie auch sanfte Manipulation), und, entgegen vieler Meinungen, doch recht lernfähig. Ein wichtiger Aspekt, den ein Dackel niemals vergessen darf: Druck erzeugt Gegendruck. Menschen möchten sich nicht von einem Tier erziehen lassen – auch wenn sie nach dieser Erziehung sehr oft geradezu verlangen. Aus eigener Erfahrung kann ich sagen: Menschen mögen es nicht, wenn sie „Unrecht" haben. Sie müssen behutsam geführt werden, dann lernen sie schnell und ohne den für sie offenbar so wichtigen „Gesichtsverlust".

Ich hatte nie gelernt, „einzuhalten". Warum auch? Ich war damals schon ein Jahr alt – und wenn ich mal musste, dann ging ich drei Schritte und erleichterte mich. Schnell lernte ich, dass mein Mensch aber wollte, dass ich eben nur in diesem Garten mein Geschäft verrichtete. Nebenbei: mein Mensch schimpfte nicht. Aber er wurde sehr traurig, wenn ich dies eben nicht so tat und wischte kommentarlos meine Hinterlassenschaften auf. Schlimm für mich - kannte ich so nicht. Ich wollte meinem Menschen, der so lieb zu mir war, unbedingt gefallen. Allerdings kam ich ja auch nicht in den Garten, wann ich wollte. Ich stellte mir also die Frage, wie ich die Zweibeiner erziehen musste, damit ich in den Garten gehen konnte, wann ich es für richtig hielt. Die Grundlage für meine Menschenforschung war gelegt. Ich erkannte, dass Erziehung ein Geben und Nehmen ist. Innerhalb kürzester Zeit entwickelten mein Chef und ich eine Art Sprache - er erkannte, wann ich muss - und brachte mich in eine ihm genehme Umgebung. Nun, ich mache auch manchmal Fehler. Ich nutzte es aus. Wollte immer raus. Draußen war es so aufregend, verständlich, oder? Und dann kam der Punkt, an dem mein Chef sagte: „es reicht, du kannst nicht schon wieder müssen". Hm. War irgendwie doof. Ich versuchte, mit Druck zu trotzen. Doch da biss ich auf Granit. Chef führte feste Zeiten ein. Behauptete ernsthaft, dass ich nicht alle zehn Minuten pinkeln müsse. Gut, er hatte ja Recht. Aber das konnte ich natürlich nicht zugeben. Daher würgte ich dennoch ein paar Tropfen heraus, nur, um ihn zu ärgern. Da er aber diese Tropfen einfach nur kommentarlos wegwischte, war mein Widerstand nach einigen Tagen gebrochen, ich gebe es zu. Die Zeiten, zu denen ich in den spannenden Garten durfte, waren tagsüber auch nicht mit dem Erleichtern zu Ende, ich durfte weiter riechen, graben und schauen. Also gab ich irgendwann nach. Einer der wenigen erfolgreichen Überzeugungsversuche meines Menschen – so ungern ich es zugebe. Ich lernte: mein Chef will mir nichts Böses, aber es gibt ein paar Regeln. Na gut. Ich akzeptierte. Meistens. Wenn ich mich ungerecht behandelt fühlte, nutzte ich es aus – und erledigte mein Geschäft dort, wo ich fest davon ausging, er würde sich ärgern. Leider tat mein Mensch das nicht. Aus meiner Dackelsicht sehr unbefriedigend. Irgendwann gab ich es auf. Ich hatte ja auch nicht „verloren". Wir beide, Mensch und ich, ignorierten es einfach. Wobei ich immer noch der Meinung bin, dass mein Mensch das als „Sieg" für sich verbucht. Ärgerlich. Aber nicht unbedingt einen Kommentar wert.

Mein neues Leben hatte aber noch viel mehr zu bieten.

Ich sollte mit dem Menschen spazieren gehen. Die Welt schien noch größer zu sein, als ich damals dachte. Kannte ich überhaupt nicht. Warum sollte ich jemandem folgen? Am Ende eines Strickes, der mich meiner Bewegungsfreiheit beraubte? Unsinnig. Was mich interessiert, entscheide doch immer noch ich. „Du musst laufen". Wie blöd. Laufen konnte ich doch. Wohin, entschied ich bisher immer selbst. Ich komme aus einer Jagd-Familie. Spannende Fährten müssen verfolgt werden. Warum, weiß ich jetzt auch nicht so genau, aber ein unbändiges Gefühl befiehlt mir manchmal, gewissen Dingen einfach hinterher zu jagen. Mein Mensch war da ganz anderer Meinung und meinte, ich müsse bei ihm bleiben. Warum ich ein Ding um den Hals tragen sollte und in meiner eigenen Entscheidung bezüglich der Richtung beschnitten wurde, war mir lange Zeit nicht klar. Ich wollte es auch nicht akzeptieren. Schließlich hätte ich für meinen Lebensunterhalt auch alleine sorgen können – wenn der Mensch mich ließe. Er ließ mich aber nicht, sondern bestand darauf, dass ich offenbar willkürlich festgelegte Wege beschritt. Ich zweifelte (nicht zum ersten Mal) an der Lebenseinstellung und auch der -befähigung dieses Menschen.

Und gab mir große Mühe, ihn von der Unsinnigkeit zu überzeugen. Um es kurz zu machen: er überzeugte mich auch hier. Allerdings wohl nur, weil ich damals noch zu unerfahren war.

Heute muss ich zugeben, dass mein Mensch mir mit Hilfe der immer sanften Führung Orte zeigte, die ich toll finde. Ich habe gelernt, dass es manchmal Sinn macht und sogar eine gewisse Sicherheit gibt, wenn ich mit dem „Ding" (der Leine) geführt werde. Aber es war ein langer Lernprozess. Für den Menschen und auch für mich.

Das Leben außerhalb des Hauses, das für mich nun mein Revier war, stellte sich als ausgesprochen spannend heraus. Es gab andere Menschen, andere Hunde und vor allem: sehr, sehr interessante Gerüche. Ich gewann Sicherheit, kannte mich im Haus nun gut aus und auch der Garten wurde nie langweilig. Durch unsere Spaziergänge lernte ich, dass es aber auch außerhalb dieser Grenzen sehr viel Sehenswertes gab. Ich bin ein Dackel. Ich bin neugierig, also begann ich, den Garten auf Lücken in der Begrenzung zu untersuchen. Und es gab sie. Also begab ich mich auf Entdeckungstour. Natürlich hatte ich nie vor, meine Menschen dauerhaft zu verlassen. Fand allerdings manchmal den Weg nach Hause nicht mehr, da die Welt „da draußen" sich als noch größer und unübersichtlicher herausstellte, als ich erwartet hatte. Auch das war nicht schlimm, die Erfahrungen, die ich in der Nachbarschaft sammelte, waren alle sehr angenehm. Ich traf Hunde, mit denen ich spielen konnte, nette, wenn auch motorisch offenbar recht ungeschickte Menschen, die auf ihrer Terrasse leckere Würstchen ständig vom Grill vor meine Füße fallen ließen und auch immer jemanden, der wusste, wer ich bin und wo mein Haus zu finden war.

Mein Chef fand meine Touren nicht gut, das habe ich gemerkt. Oft kam mir die Idee zu einem Streifzug auch eher zufällig. Mir gefiel es ja sehr gut bei meinen Menschen. Dennoch konnte ich es auf gar keinen Fall tolerieren, wenn eine Katze sich meines Reviers bemächtigen wollte. Also musste ich sie verjagen. Da ich schon immer sehr sportlich war, waren auch die Zäune, die ich sonst immer respektierte, natürlich nicht wirklich eine Herausforderung für mich. Nie werde ich den verdatterten Blick des Chefs vergessen, als ich das erste Mal über den knapp einen Meter hohen Zaun kletterte, weil ich eine sich auf der anderen Seite der Straße in

Sicherheit wiegende, arrogant schauende Katze in ihre Schranken weisen musste.

Überhaupt: mein Garten. Eine hervorragende Erfindung der Zweibeiner. Viel Erde, verführerisch knisternde Laubhaufen, Gestrüpp und unglaublich interessante Gerüche. Aber auch viel Arbeit für einen Dackel. In zweierlei Hinsicht: zum Einen musste ich für Ordnung sorgen, bis ich mich entspannt in die Sonne legen konnte – zum Anderen musste ich dem Chef ständig erklären, dass alles, was ich im Garten tat, einen tieferen Sinn hat. Ein immer wiederkehrender Anlass für Diskussionen. Mit unterschiedlichen Gewinnern. Wenn ich in dieses tolle Terrain durfte, musste ich es zunächst natürlich auf unerlaubte Eindringlinge kontrollieren: Katzen, Vögel, Mäuse oder Igel. Ohne meine ausdrückliche Erlaubnis hatte sich dort nichts dergleichen aufzuhalten. Abgesehen von meiner Befürchtung, dass sich die Futterzufuhr meiner Zweibeiner nicht nach meinen Vorstellungen entwickeln könnte, – musste ich unbedingt unabhängig von (in meinen Augen willkürlich vom Menschen) zugeteiltem Futter bleiben. Allerdings fand ich recht schnell heraus, dass

Garten-Mäuse nicht schmecken. Aber es gab mir eine innere Befriedigung, wenn ich schneller und cleverer war als sie. Wenn der Chef es nicht mitbekam, spielte ich mit ihnen, stupste sie an und fing sie wieder. Wurde ich dabei allerdings erwischt, bekam ich (völlig ungerechtfertigt!) großen Stress mit den Zweibeinern, die nicht zögerten und mir meine Beute wegnahmen. Bis heute habe ich nicht verstanden, warum. Mittlerweile habe ich gelernt, dass Mäuse nur interessant sind, wenn sie sich bewegen. Liegen sie bewegungslos am Feldrand, ignoriere ich sie nach kurzem Beschnüffeln. Langweilig.

Vögel sind übrigens sehr anstrengend. Ich kannte in meinem früheren Leben nur Hühner. Die waren schwerfällig, flatterten mit ihrem Gefieder, flogen nicht weg – aber wir waren durch einen selbst für mich unüberwindbaren Zaun getrennt (ich glaube, die Hühner wussten das...). In meinem Garten lernte ich andere Vögel kennen. Und begriff ziemlich schnell, dass diese wie durch Zauberei in die Luft verschwanden, wenn ich näher kam. Ich habe anfangs noch versucht, sie zu jagen, erkannte jedoch relativ schnell, dass hier der Spaß einseitig bei den Vögeln lag. Heute bin ich sehr entspannt, wenn ich auf meinen Streifzügen kleine Vögel sehe – die Mühe lohnt sich nicht. Bei größeren Vögeln, Enten oder Fasanen zum Beispiel, werde ich allerdings unruhig – ein weites Feld, in dem ich unbedingt noch Erfahrungen in den Bereichen Taktik und Geschmack sammeln muss. Oh ja, ich unterscheide sehr wohl.

Was ich dagegen von Igeln halten soll, weiß ich noch nicht. Eindringlinge. So viel ist klar. Sie rascheln im Laub, bewegen sich. Und das alles ohne meine ausdrückliche Genehmigung. Mehrfach habe ich bereits einen Igel gefangen. Unangenehmes Erlebnis. Ehrlich gesagt: eigentlich hätte ich mir nach dem ersten Versuch eine andere Taktik überlegen sollen. Aber wenn es in der Abenddämmerung in den Büschen raschelt, habe ich keine Zeit für Taktik. Ich greife zu. Dummerweise haben Igel viele Stacheln, die sich sehr unangenehm in meinen Gaumen gebohrt haben. Aber ich bin ein Dackel – wegen ein paar Schmerzen gebe ich mein erlegtes Jagdgut doch noch lange nicht her. Allerdings wusste ich auch nicht so richtig, wie ich nun weiter damit umgehen sollte. Zumal der Chef sehr hektisch wurde und wild unverständliche Dinge brüllte. Irgendwann musste ich nachgreifen, ließ meine Beute kurz los. Und der Chef hob mich sofort vom Boden hoch. Ich hadere selten mit meiner Größe - aber manchmal ist diese echt von Nachteil. Meine Beute war unerreichbar, der Chef offenbar sauer und für mich begann ein wirklich unangenehmes Nachspiel. Ich wurde in dieses komische, rumorende Ding gepackt, das ich von meiner Entführung vom Bauernhof ja bereits kannte. Nach einer meinen Mageninhalt sehr irritierenden Rumpelei wurde ich an einem völlig neuen Ort wieder aus dem Bauch dieses Monsters befreit. Fremde Menschen beugten sich über mich, öffneten mein Maul, zogen einige Igel-Stacheln heraus (der einzige verbliebene Rest meiner Beute!), tropften mir unangenehm riechendes Zeug in den Nacken und jagten mir zuletzt sogar noch eine spitze Nadel in meinen Körper. Ich ertrug es schweigend - immer in der Erwartung, meine Beute anschließend wieder zu bekommen. Denn ich konnte es riechen - der Igel war auch an diesem seltsamen Ort. Leider wurden meine Erwartungen enttäuscht. Meine Beute war verschwunden. Ich beschloss, wegen dieser offensichtlichen Ungerechtigkeit mit dem Chef nie mehr zu kommunizieren. Also zumindest so lange nicht mehr, bis er mich von diesem furchtbaren Ort fortbrachte. Tatsächlich war es aber der Chef, der sich an diesem Abend von mir fernhielt. Ob es an dem furchtbaren Geruch lag, den diese Flüssigkeit in meinem Nacken verströmte oder an den juckenden kleinen Viechern, die plötzlich in Scharen aus meinem Fell purzelten – ich weiß es nicht. Ich blieb mit meinem Kummer über den Verlust meiner Beute allein. Am nächsten Morgen hatte ich den Vorfall verdrängt – war bereit, meinen Menschen zu verzeihen. Über den Igel sprachen wir nicht mehr – bis zu meinem nächsten Kontakt mit den stacheligen Tieren. Kurz gesagt: ich versuchte noch mehrfach, meine Jagdtaktik bezüglich der Stacheln zu verfeinern. Bisher ohne Erfolg, denn es endete immer wie beim ersten Mal. Aber irgendwann werde ich einen Igel treffen, wenn ich nicht so in Zeitnot bin, weil mein Mensch hinter mir steht. Und dann werde ich Erfolg haben.

Ich bin ein Dackel – ich bin sehr hartnäckig.

Katzen gehörten zu den arrogantesten Eindringlingen in meinem Garten. Sie können nicht fliegen wie Vögel, sind aber im Gegensatz zu mir in der Lage, auf

Bäume zu klettern. Eichhörnchen übrigens auch. Ich hasse es, wenn ich durch Anstarren und langsames Wedeln mit einem buschigen Schwanz derart provoziert werde. Irgend etwas in mir sagt – nein, schreit – dann, dass ich sofort etwas unternehmen muss. Es hat eine Weile gedauert, bis ich merkte, dass ich hier – ähnlich wie bei Vögeln – aus irgendeinem Grund keinen Jagderfolg habe. Jedenfalls nicht auf die einzige, mir bis dahin bekannte Taktik: Geschwindigkeit. Ich war flink, aber weg fliegen oder auf Bäume klettern ist einfach unfair. Katzen sind zudem völlig hochnäsig – sie sind oft noch nicht mal geflohen, sondern schlugen mit ihren zugegebenermaßen sehr scharfen Krallen nach mir. Heute stehe ich Katzen jedes mal in einem echten Konflikt gegenüber. Laufen sie weg, muss ich einfach sofort hinterher – und feige verschwinden sie irgendwann auf einem Baum oder überwinden Hindernisse, die ich nicht bewältigen kann. Ärgerlich. Bleiben sie stehen, werde ich sehr, sehr vorsichtig. Wir starren uns gegenseitig an – minutenlang. Niemand gibt nach. Bis ein spielverderbender Mensch kommt, der immer *mich* entfernt. Aber irgendwann kommt es zum entscheidenden Duell Dackel-Katze. Ich kann es spüren und bin auf der Hut, wann immer ich so ein eingebildetes Fellbündel sehe.

Eigentlich wollte ich aber ja von meinem Garten erzählen. Mein Garten war toll. So etwas kannte ich bisher nicht. Mein Chef war sehr tolerant, akzeptierte, dass ein Garten für einen Dackel nicht bedeutet, sich die schönen Blumen aus der Ferne einfach nur anzuschauen. Ich durfte buddeln und graben, lernte auch recht schnell, an welchen Stellen der Chef doch eher ungehalten wurde. Gut, mit diesen wenigen Einschränkungen konnte ich leben. Ich lernte, dass manche Dinge, die im Garten wuchsen, einen gewissen Abstand forderten (Brennnesseln zum Beispiel sind recht unangenehm, wenn man mit der empfindlichen Nase an die Blätter kommt – und Brombeeren und Rosen pieksen). Ich durfte (an freigegebenen Stellen) nach Herzenslust nach Mäusen und Maulwürfen suchen, dem Chef beim Unkraut jäten helfen (indem ich das auf die Wiese geworfene Bündel Grün mit dem Erdklumpen in der Luft fing und wild schüttelte), ich durfte schnüffeln und musste mir endlich mal keine Gedanken machen, wenn ich mich erleichtern musste. Manchmal spielten die (damals noch sehr kleinen, heranwachsenden Chefs) mit einem Ball. Ich durfte mitspielen, ein großer Spaß - bis ich den Ball endlich erlegte und in seine Einzelteile aufspaltete, um herauszufinden, ob etwas Schmackhaftes in ihm steckte... Immerhin - danach war es „mein" Ball. Und wenn damit gespielt wurde, war klar, dass es einzig zu meiner Zerstreuung passierte. Selbstverständlich ging ich davon aus, dass alle Bälle „meins" sind oder werden sollen. Die heranwachsenden Zweibeiner brauchten aus meiner Sicht ungewöhnlich lange, um zu bemerken, dass fortan jeder Ball eigentlich grundsätzlich mir gehörte. Sie behaupteten, manche Bälle wären ihre eigenen, sie sollten nicht erlegt werden, es sei ein Spaß, sie einfach hin und her zu spielen. Ich frage mich bis heute, wo der Spaß und vor allem der Sinn des Spiels sein soll, wenn das Objekt nicht gefangen und zerstört werden darf.

Tagsüber war bei uns immer Trubel. Große und kleine Menschen kamen und gingen, jeder streichelte mich und war bemüht, diesen Tag zum Besten meines Lebens zu machen. Es hätte immer so weiter gehen können. Ich war der Mittelpunkt. Gut, manchmal war es ein wenig nervig. Denn ein ausgiebiges Schläfchen in der warmen Sonne oder unter kuscheligen Decken gehört für mich zu einem perfekten Tag einfach dazu. Die Menschen wussten das nicht und ich musste viel erklären – eine manchmal doch recht mühsame Aufgabe für einen unausgeschlafenen Dackel. Ich wollte mein Rudel ja nicht unbedingt vor den Kopf stoßen – aber meine Privatsphäre ist mir heilig. Nach ein paar Missverständnissen klappte es aber irgendwann recht gut. Nur die Nächte. Die waren nach wie vor schwierig. Ich hatte sehr wohl verstanden, dass ich nun mein eigenes Rudel hatte. Und war (und bin!) mir meiner Verantwortung sehr wohl bewusst. Aber wie sollte ich auf meine Lieben ein wachsames Auge haben, wenn sie, sobald es dunkel wurde, sich im Haus verteilten und ich alleine in einem anderen (verschlossenen) Raum schlafen sollte...? Ich sage es direkt: es war harte Arbeit, bis ich die Bedingungen nach meinen Wünschen und Vorstellungen zurechtgebogen hatte. Sprachbarrieren sind doch manchmal sehr hinderlich.

Es kam der Tag, an dem der Chef mir in wortgewaltigem Blabla erklärte, dass ich nun eine Zeitlang alleine auf das Haus aufpassen sollte. Kein Problem für einen Dackel – ich freute mich auf mehrere Stunden erholsamen Schlaf an Stellen, die sonst immer bevölkert waren.

Als ich aus meinem kleinen, herrlich ungestörten Nickerchen in der Morgensonne erwachte, mich umschaute und niemanden erblicken konnte, wurde ich aber doch leicht nervös.

Was der Chef mir nämlich nicht verständlich machen konnte, war, dass das Rudel irgendwann zurückkehren würde. Heute weiß ich das natürlich – aber damals war das ein sehr, sehr fieses Gefühl. Ich musste also wohl doch davon ausgehen, dass ich wieder einmal verlassen wurde. Allein in einem Haus, dem ich nicht entkommen konnte. Räume, die ich nicht kontrollieren konnte, weil sie durch selbst für mich unüberwindbare Türen verschlossen waren. Nahrungsquellen waren definitiv vorhanden (ich konnte sie riechen!), aber sie waren unerreichbar für mich. Mich beschlich nun leichte Panik. Irgendwo musste ich ja hin mit meinen Emotionen – nachdem das leise Weinen diesmal keinen besorgten Chef zutage brachte, sah ich mich nach Möglichkeiten um, meinen angespannten Gemütszustand etwas herab zu kühlen, um wieder klar denken zu können.

Nachdem ich mich mitten im Raum erst mal erleichtert hatte (wenn ich nervös werde, meldet sich immer meine Blase...), lächelten mich die Hausschuhe des Chefs geradezu an. Und sie rochen so gut! Also schnappte ich mir einen der Schuhe, schleppte ihn mitten in den Raum und begann, zu meiner Zerstreuung gedankenverloren darauf herum zu kauen. Immer in der Hoffnung, dass mir noch eine zündende Idee kam, wie ich meine missliche Lage beenden könnte. In diesem Moment hörte ich, dass sich an der Haustür etwas tat. Ich vergaß den Schuh sofort und rannte zur Tür. Und tatsächlich – da stand der Chef! Irgendwie war er eher ungehalten und schlecht gelaunt. Für mich absolut nicht nachvollziehbar. Er hatte mich offenbar doch nicht vergessen – und ich war so froh, ihn zu sehen, dass ich einen wahren Freudentanz aufführte. Und leider meine irgendwie immer prall gefüllte Blase nicht im Zaum hatte und einige Tropfen verlor. Bis heute verstehe ich nicht, warum der Chef statt hemmungsloser Freude, mich gesund wieder zu sehen, eher angesäuert reagierte. Vielleicht lag es ein wenig an dem zerkauten und bis zur Unkenntlichkeit neu gestalteten Hausschuh, vielleicht an dem kleinen See, den ich ja mitten im Raum hinterlassen hatte und in den der Chef mit seinen lediglich besockten Füßen hineingetreten war. Vielleicht freute er sich aber ja auch genauso wie ich und ihm war es nur peinlich, seine Emotionen offen zu zeigen? Nun, damals wusste ich es nicht, wurde sehr unsicher und verzog mich lieber in eine geschützte Ecke. Der Chef legte mein Verhalten damals als „schlechtes Gewissen" aus - ich fühlte mich völlig unverstanden und sehnte mich zum ersten Mal nach meinem Stück Betonweg auf dem Bauernhof zurück, wo das Leben noch irgendwie so einfach gewesen war.

Bevor ich allerdings so richtig in mein tiefes Selbstmitleid versinken konnte, wurde ich auf den Arm genommen, geherzt, geknuddelt und gekrault. Okay, der Chef war also offenbar auch von seinen Gefühlen überwältigt und freute sich wirklich, mich wieder zu sehen - ich hatte überlebt!

Was ich damals noch nicht wusste, war, dass sich dieser Terror wiederholen sollte. Gut, nach dem dritten (oder vierten oder fünften Mal - meine Erinnerung ist hier ein wenig bruchstückhaft) merkte ich, dass offenbar immer wieder jemand zu mir zurück kam. Aber wirklich sicher war ich mir nie! Zumal ich die Dauer immer ganz unterschiedlich empfand. Manchmal hatte ich noch nicht mal Zeit, mir ein dem Anlass angemessenes Utensil zum Zerbeißen zu suchen. Manchmal schlief ich in der Sonne ein und erwachte plötzlich vom kratzenden Geräusch des Schlüssels – ohne, dass ich irgendetwas angestellt hatte.

Wenn meine Menschen wieder das Haus bevölkerten, wurde mit mir gespielt und mir manchmal sogar Leckerchen zugesteckt. Manchmal sind Menschen ja auch echt anstrengend – und ich ertappte mich dabei, dass ich mich insgeheim manchmal schon auf die Zeit freute, in der ich in Ruhe *nichts* tun durfte.

Heute lächle ich nachsichtig über das ganze Dackelgesicht, wenn ich an diese Zeit zurückdenke.

Wenn man, wie ich, nur ein Leben „draußen" kennt, sind geschlossene vier Wände, in denen es niemals kalt ist oder gar regnet, etwas ganz Besonderes.

Ich lebte jetzt in einem Haus, traute mich anfangs allerdings nicht, dort ohne mein Rudel auf Erkundungstour zu gehen. Erst, nachdem ich diese Sache mit dem Alleinbleiben verstanden hatte und irgendwann irgendwie auf den Gedanken kam, die ungestörte Zeit sinnvoll zu nutzen, begann ich, wirklich das ganze Haus auf spannende Dinge zu untersuchen. Und was soll ich sagen: dieses Haus war voll mit interessanten, leckeren und gemütlichen Dingen!

Bis dahin kannte ich nur das Wohnzimmer und die Küche, in der ich ja nach wie vor nächtigen sollte. Gemeinerweise schlief der Chef nun nicht mehr neben mir. Oftmals war das aber gar nicht so schlimm. Denn ich war vom Tagesgeschehen so müde, dass ich wirklich nur noch meine Ruhe haben wollte und mich über eine gewisse Zeit alleine wirklich freute. Nun, in der Nacht wurde ich dennoch oft gestört, denn der Chef kam, klemmte mich unter den Arm und setzte mich in den Garten. Ich glaube, er wusste, dass ich meine Blase noch nicht so lange beherrschen konnte. Ich verstand irgendwann auch, dass nachts keine Zeit zum Spielen oder Garten entdecken war – der Chef war einfach zu muffelig. Und ein verschlafener Chef ist wirklich nur sehr schwer zu ertragen. Ich bin ein schlauer Hund, ich gab meine Versuche, die Zeit im nächtlichen Garten auszudehnen, recht schnell auf. Dafür wurde ich gekuschelt und wieder liebevoll zugedeckt. Da ich immer noch sehr müde war und genau wusste, dass der nächste Tag bestimmt wieder anstrengend werden würde, schlief ich auch schnell wieder ein.

Und sammelte meine Kräfte für die Aufgaben, die noch vor mir lagen.

An einem der nächsten Tage wartete auf mich die Hundeschule. Toll! Ich wusste ja bis dahin gar nicht, dass es einen Ort gibt, an dem Hunde bei der Erziehung ihrer Menschen so wirkungsvoll unterstützt werden.

Wobei ich sagen muss, dass ich dort auf Hunde traf, die das System entweder nicht verstanden hatten – oder denen es egal war, wie ihr Mensch ohne Hilfe eines Hundes in dieser Welt überleben sollte.

Ich war damals schon ein Jahr alt, kannte aber noch keine menschenkreierten Befehle. Daher wurde ich in meiner ersten Stunde in eine Junghundegruppe gesteckt.

Ziel dieser Stunde war das Befolgen des Kommandos „hiiier". Ich war zunächst etwas irritiert wegen des Begriffs *Kommando*. Ich war es gewohnt, meine Entscheidungen selbst zu treffen und gegebenenfalls eine freundliche Bitte eines Menschen bei Gelegenheit in meine Überlegungen mit einzubeziehen. Sehr wohl nahm ich zur Kenntnis, dass die anderen Hunde bei Ertönen des lustig gesungenen Wortes „hiiier" in einem Höllentempo auf ihre jeweiligen Chefs zu sprinteten, sich hinsetzten und dafür irgendetwas in die jeweilige Hundeschnauze geschoben bekamen, auf dem alle Vierbeiner selig herumkauten.

Nun, mein Chef versuchte dasselbe bei mir. Ich dachte kurz über meine Optionen nach, beschloss dann, dass ich meinen Chef nicht weiter dem Gelächter der umstehenden Menschen aussetzen wollte und dackelte in einem, wie ich fand, angemessenen Tempo über die Wiese zu ihm. Unerklärlicherweise freute sich der Chef so sehr, dass er vergaß, mich zu kraulen und mir statt dessen ein Klümpchen vor die Nase hielt. Warum er mich nicht einfach streichelte und drückte, habe ich bis heute nicht verstanden. Dieses Klümpchen war es also, auf das alle anderen Hunde offenbar so scharf waren, dass sie sich selbst darüber vergaßen. Also gut, ich probierte es auch. Es war ganz lecker – aber schmeckte verdächtig nach dem Futter, das ich sowieso jeden Tag bekam. Worin jetzt genau der Sinn sein sollte, mein Futter nun auf der Wiese stückchenweise zu fressen statt aus dem Napf, erschloss sich mir nicht. Auf jeden Fall waren diese Klümpchen meiner Meinung nach keinen Sprint über eine Wiese wert. Mein Chef sah das irgendwann ein und unterhielt sich mit seinen Mitschülern. Und siehe da, irgendwann bei einem erneuten langsamen Annähern (die anderen Menschen nannten es *gehorchen*) schmeckte das Ding in seiner Hand wirklich gut – im Nachhinein habe ich erfahren, dass man das Ding in Menschenkreisen *Salami* oder *Wurst* nennt, die ein anderer Mensch von seinem mitgebrachten Brot entfernt hatte. Nun überlegte ich. Wenn ich also mitspielte, auf das gesprochene Wort hin die gewünschte Aktion vollzog, dann gab es diese Wurst. Prima, dann hätte ich ja jetzt eine weitere Nahrungsquelle aufgetan! Und war nicht unbedingt auf das langweilige Hundefutter (und vor allem nicht auf die dargebotene Menge) angewiesen... Okay, also spielte ich mit. Manchmal machte ich sogar Dinge, die ich mir bei den anderen Hunden abschaute. Sie setzten oder legten sich - na, das konnte ich auch. Und der Chef war völlig begeistert. Und gab mir Salami. Am Ende der Stunde fand ich, dass mein Chef das schon ganz gut hinbekam und versprach meinen neuen Hundefreunden, nächste Woche wieder zu kommen.

Wieder zu Hause und nach einem ausgiebigen Schläfchen musste ich meine neuen Erfahrungen sofort bei den restlichen Mitgliedern des Rudels testen. Da ich nicht wusste, wie ich ihnen dieses Zauberwort *hiiier* beibringen sollte, zeigte ich ihnen einfach ein Potpourri aus meinen in der Hundeschule gesehenen Übungen: sitz, platz, hin- und herrennen. Und siehe da, die Nachwuchschefs lernten schneller als der große Chef: sofort brachen die kleinen Menschen in schiere Begeisterung aus und ließen Teile ihres Abendbrotes auf den Boden fallen. Das war zwar keine Wurst, aber es schmeckte auch sehr gut - und war auch eine echte Alternative zum trockenen Futter, das der Chef mir vorsetzte.

Ich erkannte, dass ich in diesem Haus sicher nicht verhungern und auch nicht auf die willkürliche Zuteilung von langweiligem Futter angewiesen sein würde, wenn ich meine Menschen nur entsprechend erzog. Ein wichtiger Tag in meinem Leben. Daher kann ich auch immer wieder nur sagen: Hundeschule ist so wichtig. Für Hunde – und für Zweibeiner.

Wir waren übrigens noch öfter dort, in der Hundeschule. Allerdings brachte mir selbst keine Stunde mehr solche bahnbrechenden Erkenntnisse wie eben diese erste Einheit. Ich stellte fest, dass die anderen Hunde sich offenbar nicht solche Gedanken machten wie ich. Sie hörten ein Kommando und folgten diesem, ohne es zu hinterfragen. Dabei ist mitdenken doch so wichtig! Gerade in der Menschenerziehung! Jede Übung, die wir machten, wurde mehrfach wiederholt. Wie langweilig, ich bin ja nicht dumm und verstand bereits beim ersten Mal, was von mir (eigentlich) erwartet wurde. Irgendwann verlor ich das Interesse an den ewigen Wiederholungen und wollte lieber den großen Maulwurfshügel in der Mitte der Wiese untersuchen. Auf das Stückchen Wurst war ich nicht angewiesen, wusste ich doch jetzt, dass ich, wenn ich es wollte, schier unendliche Nahrungsquellen auftun konnte. In der Entfernung hörte ich, wie der Trainer zu meinem Chef etwas sagte, das sich anhörte wie „ist halt ein Dackel, viel Geduld, viel Erfolg...". Ich sah zu meinem Chef hinüber und fand, dass er traurig aussah. Das ging natürlich gar nicht. Ich strich schweren Herzens den Maulwurf (für den Moment) aus meinem Bewusstsein, setzte mich hin und schaute meinen Chef erwartungsvoll an. Der verstand, bewegte den Zeigefinger der rechten Hand leicht Richtung Boden - und ich sprintete im Dackelgalopp zu ihm, umkreiste ihn einmal und setzt mich neben seine Füße. Die anderen Hunde taten mich als Streber ab, die anderen Menschen schauten ungläubig und sagten etwas von „heimlich geübt". Mein Chef und ich sahen uns tief in die Augen und verstanden uns ohne Worte. Der Chef wusste, ich würde kommen, wenn ich es für richtig halte oder wenn es eben ernst ist. Und ich wusste, ich würde für diesen meinen Menschen alles tun, damit es ihm gut geht.

Wir gingen nebenbei danach nicht mehr in diese Hundeschule. Warum auch? Ich glaube, mein Mensch ist auch sehr intelligent - und ich finde, er hat seine Lektionen sehr schnell gelernt. Weiter geübt habe ich mit ihm zu Hause. Ich kenne viele menschliche Bitten: sitz, down, bleib, nein, aus, warte, komm und noch einige mehr. Ich befolge sie aber nur, wenn es in meinen Dackelaugen angemessen ist. Und ich bin nicht käuflich – nur mit einem Stück Käse kann man mich nach wie vor nicht zu Dingen verleiten, die ich gerade nicht tun möchte. Aber wenn es ernst wird, dann passe ich auf den Chef auf. Und wenn es gut für ihn ist, dass ich eine Weile bei Fuß laufe, dann tue ich es eben. Solange ich es für richtig halte. Der Chef hat sich damit abgefunden – und mit dieser Regelung leben wir beide sehr gut.

Es gibt allerdings einige wenige Bitten, die ich als *Kommando* akzeptiere. Ein Zugeständnis an meinen Chef. Bei einem ganz bestimmten Tonfall gehorche ich – unwillig, aber gut. Ich weiß aber auch, dass dieser Tonfall nur sehr selten zum Einsatz kommt – und ich merke dem Chef dann auch von seiner Körpersprache her an, dass er es diesmal wirklich ernst meint. Bei langweiligen und überflüssigen Aussagen wie sitz oder platz entscheide ich nach wie vor selbst, ob ich der mehr oder weniger höflichen Frage nachkomme. Aber manchmal weiß ich einfach, dass es genau jetzt ganz wichtig ist, auf der Stelle zu ihm zu kommen – und dann tue ich das auch.

Oft ist sich der Chef auch gar nicht sicher, was er eigentlich von mir will. Wie gesagt, ich kenne die unterschiedlichen Bedeutungen der Worte *komm, bleib, hier* und *aus*. Wenn der Chef nun auf dem Spaziergang in beiläufigem Ton zu mir meint: „Motte, komm, bleib hier raus" (*raus* hört sich oft an wie *aus*...) – was genau soll ich denn da tun? Und in welcher Abfolge...? Menschen sind manchmal komisch. Oft schaue ich dann höchstens hoch, stelle fest, dass der Mensch durchaus entspannt aussieht und tue weiterhin, was ich für richtig halte.

Manchmal murmelt der Chef übrigens auch heute noch etwas von „mehr Konsequenz". Wen er damit meint, ist mir nicht ganz klar. Ich finde, ich bin sehr konsequent in meiner Erziehungsarbeit. Allerdings merke ich natürlich auch die vorsichtigen Versuche seinerseits, neue Bitten in unser Zusammenleben zu implantieren. Ich lasse ihn dann machen. Wo er doch offensichtlich Spaß dran hat. Was er von mir möchte, verstehe ich recht schnell. Wenn ich aber keinen Sinn in dieser Betätigung sehe, verliere ich die Lust. Und ich verstehe auch nicht, warum ich manche Dinge immer wieder tun soll... Erinnert mich ein wenig an die Hundeschule. Ganz schlimm finde ich übrigens Publikum. „Schau mal, was die Motte kann!".

Bei diesem Satz stellt sich bei mir alles auf Durchzug. Klar bin ich stolz auf meine Erziehungserfolge bei meinen Menschen. Aber ich muss sie doch nicht aller Welt zeigen. Ich genieße lieber still. Und freue mich, dass mein Rudel so gut funktioniert.

Ein ganz besonderes Kapitel ist die Erziehung junger Menschen. Potentielle Dosenöffner und vielleicht später selbst einmal *Chef* eines Dackels (oder auch eines gewöhnlichen Hundes). Junge Menschen sind wichtig. Und formbar. Und haben, nebenbei, auch einen gewissen, aber oft verleugneten Einfluss auf den großen Chef.

Meine kleinen Menschen waren fünf und sieben Menschenjahre jung, als ich mein Rudel erwählte. Sie waren aus dem Alter heraus, in dem kleine Menschen nur sehr grobmotorisch mit anderen Familienmitgliedern umgehen. Mein Glück, weiß ich heute.

Aus Erzählungen weiß ich aber auch, dass auch sehr kleine Kinder recht schnell lernen, dass *Wehtun* nicht gut ist. Und, ganz ehrlich, ich bin ein Dackel und eher klein – aber doch sehr schmerzresistent. Ich halte eine Menge aus. Nun, meine Kinder waren also schon recht groß. Und sehr gelehrig. Sie liebten mich vom ersten Moment an – und ich sie auch. Wir kuschelten, wir rannten gemeinsam Bällen hinterher, ich reinigte den Boden von heruntergefallenen Krümeln, dafür bekam ich heimlich unter dem Tisch die Dinge vom Abendessen, die dem Kindermund nicht zusagten. Bis heute bin ich nicht sicher, ob der Chef das einfach tolerierte oder wirklich nicht mitbekam. Gut, manchmal musste ich dafür auch Barbiepuppen auf meinem Rücken tragen oder lustige Mützen aufsetzen. Was tut dackel nicht alles... Zum Glück gibt es davon keine Fotos.

In die Kinderzimmer durfte ich leider nicht hinein. Unser Haus hatte viele Treppen – und der Chef achtete darauf, dass ich diese nicht selbst lief. Zumindest am Anfang. Soviel zum Thema Konsequenz – vielleicht meinte er das mit seiner Äußerung...?

Der Aufgang in die obere Etage, in der sich die Schlafzimmer befanden, wurde gemeinerweise mit einem Polster, das eigentlich für Gartenstühle gedacht war, versperrt. Ich gebe zu, in der ersten Zeit hat es mich auch wirklich davon abgehalten, die unbekannten Gefilde hinter dem Dings zu erforschen.

Aber dann wurde ich sicherer. Ich wusste mittlerweile ziemlich genau, wie lange ich morgens alleine auf das Haus aufpassen sollte. Und dieses Gefühl der Abenteuerlust stellte sich ein. Irgendetwas besonders Tolles musste jenseits dieser wackeligen Sperre liegen. Ich versuchte es zunächst sehr vorsichtig. Stupsen. Es bewegte sich. Darüber musste ich eine Weile nachdenken – vielleicht war das Ding ja doch gefährlich? Später stellte ich fest, dass die Sichtfläche für mich in das obere Stockwerk durchaus besser geworden war. Ich traute mich und stupste erneut. Und siehe da – das Ding fiel einfach um. Allerdings bekam ich einen so gewaltigen Schreck, dass ich mein Vorhaben für diesen Tag einstellte und mich lieber auf meinen sonnengeküssten Teppich zurückzog.

Am nächsten Tag hatte ich genug Mut gesammelt und stupste, sobald ich ungestört war, die komische Barriere an. Sie bewegte sich, wie erwartet, ein Stück. Ich bin ein mutiger Dackel – und mein Ehrgeiz war erwacht. Ich traute mich sofort noch einmal – und das Ding kippte tatsächlich um. Gut, es fiel irgendwie in die falsche Richtung, lag nun entspannt auf den untersten Treppenstufen. Darüber musste ich erst nachdenken – denn wirklich weiter brachte mich das nicht. An diesem Tag fand ich keine Lösung. Aber am folgenden Tag. Denn da wusste ich ja schon, was passieren würde und stupste das wieder aufrecht stehende Ding direkt etwas fester an. Das Ding fiel um. Nun musste ich es nur noch von der Treppe entfernen. Ich wusste ja schon, dass Gartenstuhlauflagen vermutlich nicht gefährlich sind und zögerte nicht, die Barriere mit den Zähnen zu packen und vorsichtig von der geheimnisvollen, lockenden Treppe fortzuziehen. Und da war er: der Zugang zu den unbekannten Weiten des oberen Stockwerks. Ich kletterte die Stufen hinauf und stand im oberen Flur. Fünf Türen. Keine verschlossen. Ein

Dackelparadies. Gerade, als ich überlegte, welches der Zimmer ich als erstes untersuchen sollte, hörte ich den Haustürschlüssel. Ich bin nicht dumm – erwähnte ich das schon? Schnell die Treppe wieder hinunter und auf meinen angestammten Sonnenplatz. Dort begrüßte ich den Chef. Der zwar sah, dass die unüberwindlich geglaubte Barriere nicht mehr an ihrem Platz war – aber offenbar davon ausging, dass ein Dackel, der Zugang zu solch wunderbaren, unerforschten Orten hat, sicher nicht entspannt in der Sonne liegen würde. Alles richtig gemacht.

Am Ende eines Tages versammelten sich alle Familienmitglieder im Wohnzimmer und verteilten sich auf die bequem aussehenden Sitz- und Lümmelgelegenheiten. Also fast alle. Denn mir blieb aus unerfindlichen Gründen immer nur der Teppich. Wenn ich ganz besonders lieb schaute, durfte ich zum Chef auf den Schoß. Da ich eigentlich immer ganz besonders lieb schaue, war mir der Platz ganz nah beim Chef immer sicher. Gut, manchmal musste ich den Chef mit dem menschlichen Nachwuchs teilen. Aber das war gar nicht schlimm, denn dann wurde ich von ganz vielen

Händen gestreichelt und gekrault. Ich war auf jeden Fall im Mittelpunkt.

Eines Abends, ich lag entspannt beim Chef auf dem Schoß, wurde der Mensch plötzlich unruhig. Ich erwachte selbstverständlich sofort aus meinen Träumen und überlegte, von welcher Richtung Gefahr drohen könnte. Zum Glück schlief ich damals nie tief, denn ich wusste, dass ich trotz der momentan ruhigen Umgebung die Wache über das Rudel übernehmen musste. Ich wurde also wach, muss aber dennoch etwas vom Schlaf verknittert ausgesehen haben. Der Chef meinte was von Badezimmer und armen, müden und natürlich süßem Hund. Ich wurde hochgehoben, aber nicht, wie von mir bereits mit Bedauern erwartet, auf den harten Boden gesetzt, sondern vorsichtig auf einer weichen Decke in einer Ecke des Sofas platziert. Sofa! Herrlich weich, viel Platz, sogar mit einer kleinen Erhöhung am Rande, auf die ich mein müdes Haupt betten konnte. Ich erkannte, in diesem Rudel warteten noch viele, sehr angenehme Überraschungen auf mich. Im Hinterkopf merkte ich mir vor, bei passender Gelegenheit das Haus auf weitere Annehmlichkeiten zu untersuchen. Zunächst jedoch genoss ich meinen neuen Kuschelplatz, der noch einen weiteren Vorteil hatte: ich lag sehr bequem und hatte einen wunderbaren Rundumblick. Nur ein Dackel kann beurteilen, wie wertvoll es ist, wenn der Blick in einer Höhe von mehr als dreißig Zentimetern über dem Boden schweifen kann. Der Chef meinte mit interpretationswürdiger milder Strenge an mich gewandt: „Bleib schön liegen, bin gleich wieder da."

Als ob ich diesen herrlichen Platz aufgeben würde, nachdem ich ihn doch gerade erst entdeckt hatte! Der Mensch entfernte sich also und ich genoss das Platzangebot auf dem großen Sofa, scannte die Umgebung aus dem neuen, spannenden Blickwinkel, entschied, dass alles in Ordnung sei und fand nach kurzem Decke-zurecht-schieben eine sehr angenehme Schlafposition. Gerade war ich, selig über diesen tollen Schlafplatz, leicht eingeschlummert, da kehrte der Chef zurück und wollte sich ernsthaft wieder zu mir gesellen. Ich hatte mich mittlerweile für einen mittigen Platz entschieden. Es war einfach toll, sich in voller Dackellänge auszustrecken und dennoch überall weich und bequem zu liegen. Nun wollte der Chef unbedingt wieder mit auf das weiche Möbel. Na ja, ich konnte es ihm nicht verdenken – wusste ich doch jetzt, was für eine tolle Erfindung ein *Sofa* ist. Ich mag den Chef wirklich gerne – aber manchmal setze ich auch Prioritäten. Wir hatten ja bereits ausgiebig gekuschelt. Und ich sah nicht ein, warum ich mein tolles Plätzchen einfach wieder aufgeben sollte. Ich stellte mich also schlafend, denn auf Diskussionen hatte ich nun gerade gar keine Lust. Und siehe da: meine Taktik ging auf. „Schaut mal, wie süß sie schläft..."

Der Chef setzte sich neben mich, ganz knapp neben die Lehne. Nebenbei: viel Platz war für ihn nicht mehr. Aber er fand noch einen Platz neben mir. Und ich lernte: es gibt immer eine Steigerung. Ich lag quer ausgestreckt auf dem weichen Platz, leicht von der Rückenlehne gestützt, der Chef war bei mir und kraulte mich sogar noch! Ich dachte damals, dass es mir niemals besser gehen könnte. Mein Leben war doch schon perfekt. Gut, irgendwann wurde diese momentane Idylle beendet – ich wurde sanft in mein eigenes Körbchen umgebettet. Da ich mittlerweile wirklich sehr angeschlafen war, ließ ich es geschehen, stellte aber dennoch fest, dass mein Korb zwar auch sehr bequem war, aber natürlich kein Vergleich zu dem tollen Ding im

Wohnzimmer. Tief hinten in meinem Kopf wusste ich, dass ich nun ein weiteres Körbchen hatte, das selbstverständlich in mein Eigentum übergangen war. Ich würde mich am nächsten Tag darum kümmern müssen, meinen Menschen meinen alleinigen Besitzanspruch zu erklären, erfahrungsgemäß waren sie in dieser Beziehung ja etwas begriffsstutzig. Wegen der fortgeschrittenen Stunde und weil ich erst über eine entsprechende Taktik nachdenken musste, akzeptierte ich an diesem Abend meine angebotene Schlafgelegenheit klaglos. Ich hatte ja bereits herausgefunden, dass Druck bei meinen Menschen nicht funktionierte. Sie wollten sanft, aber nachdrücklich manipuliert werden.

Der nächste Morgen brachte für mich keine Überraschungen – ich kannte den Ablauf ja bereits. Als ich endlich alleine war (ja, mittlerweile freute ich mich auf die Zeit der Ungestörtheit – ich hatte ja so viel vor!), stand ich vor der schwierigen Entscheidung, welches Ziel ich heute verfolgen sollte. Die obere Etage konnte ich leise nach mir rufen hören – aber ein Rundblick im Wohnzimmer zeigte, dass mich auf dem Sofa ein großer Fleck anlachte, der von der Morgensonne geküsst wurde. Ich liebe Sonne. Ich mag die Wärme, die der große runde Ball auf meinem tiefschwarzen Fell verursacht. Eine wahrlich schwere Entscheidung. Und ein Problem: am Abend hatte mich der Mensch auf das tolle Möbel gehoben. Nun stand ich davor – und stellte fest, dass die Sitz- (bzw. Liegefläche) ungefähr dreimal so hoch war wie ich selbst. Bis dahin hatte ich immer alle Orte laufend oder leicht hopsend erreichen können. Dies hier war eine Herausforderung. Und damit war die Entscheidung gefallen: Unmöglich? Dieses Wort gibt es im Dackelwortschatz schließlich nicht. Ich ging drei Schritte zurück, sammelte meine Kräfte und sprang. Und war, ehrlich gesagt, sehr überrascht, als ich mich plötzlich auf der weichen Decke mitten in der Sonne wiederfand! Jeder Tag brachte neue Erkenntnisse. Ich konnte springen! Und wie... Diese Erkenntnis erschöpfte mich, ich streckte mich in der Sonne auf dem Sofa aus und genoss meinen Triumph still. Bis ich das Klacken des Schlüssels in der Haustür vernahm. Irgendetwas in mir murmelte, dass es vermutlich besser sei, meinen persönlichen Erfolg noch ein wenig für mich zu behalten. Ich stand vor dem Problem, dass ich zwar hinaufgekommen war, aber keine Ahnung hatte, wie ich auf den Fußboden zurück kehren sollte. Die

Schritte des Chefs auf der Treppe und sein leicht überraschtes Rufen nach mir (ich wartete ja nicht, wie sonst, an der Tür auf ihn), zerstreuten meine Zweifel. Ich machte einen Satz – und landete auf dem Boden. Ohne mir weh zu tun. Und gewann bei der Gelegenheit großes Vertrauen in das unbekannte Feld meiner eigenen Möglichkeiten. Schnell flitzte ich zum Chef, der beim ausgiebigen Begrüßungszeremoniell zwar fühlte, dass mein Fell sonnengewärmt war, es aber auf den großen Sonnenfleck auf dem Wohnzimmerteppich schob. Ein ganz klein wenig hatte ich ein schlechtes Gewissen. Aber wie hätte ich ihm erklären sollen, wo ich die letzten Stunden verbracht hatte? Da der Chef immer noch sehr schlecht die Dackelsprache sprach, hätte er mich eh nicht verstanden. Also verdrängte ich das kleine Teufelchen auf meiner Schulter und genoss die Zuneigung und Aufmerksamkeit, die ich nun bekam. Ich wusste ja auch genau, dass ich ab sofort auch abends auf dem Sofa liegen würde. Dann schien zwar keine Sonne mehr, dafür wurde ich zärtlich mit einer kuscheligen Decke zugedeckt. Das war mindestens genauso schön. Der Chef bestand darauf, auch einen Platz auf dem Dreier-Sofa zu bekommen – ich gestand es ihm gutmütig zu. Schließlich saß er ja abends zum ersten Mal dort – ich hatte den Platz ja tagsüber schon länger genießen dürfen. Und ich wurde dazu noch gekrault, ob meiner Süße gerade von den Nachwuchs-Chefs angebetet – mein Leben war perfekt.

Nach einigen sonnigen Tagen, in denen ich nach wie vor heimlich und unentdeckt meine Sprungtechnik hinauf und hinunter perfektionierte, wurde das Wetter schlechter: keine Sonne morgens. Mein Blick fiel durch Zufall auf die immer noch auf der Treppe stehende Gartenstuhlauflage. Da war ja noch ein anderes, weites, unerforschtes Gebiet. Ich entsann mich meiner bisherigen Versuche und fällte einen Entschluss. Wenn es im Wohnzimmer schon so spannende und tolle Dinge gab – was mochte dort oben wohl auf mich warten...? Ich verlor keine Zeit und stupste die Auflage an, die erwartungsgemäß keinen dackelwürdigen Widerstand leistete. Der Weg nach oben war gewöhnungsbedürftig, aber da ich durch das Training am Sofa ja jetzt meine Sprungkraft wesentlich besser einschätzen konnte, kostete er keine übermäßige Zeit. Die größte Qual war die Wahl, durch welche der geöffneten Türen ich als erstes in das unbekannte Universum eintauchen sollte. Ich entschied mich für das Zimmer des kleinsten Nachwuchs-Chefs. Von dort drangen verschiedene, sehr spannende Gerüche in meine Nase. Und tatsächlich, als sich die Tür nach einem leichten Stupser mit meiner Nase öffnete, fand ich mich im Paradies. Der Boden war übersät mit Gegenständen, die selbstverständlich alle einer intensiven Geruchs- und vor allem Geschmacksprobe unterzogen werden mussten. Nachdem ich zwei achtlos auf dem Boden liegende, offenbar gebrauchte Papiertaschentücher durch Zerfetzen unschädlich gemacht hatte, fand ich allerdings nur noch langweiliges Spielzeug. Meine Zeit war begrenzt, daher speicherte ich diese Quelle für Kauspiele für später ab und stupste sacht die Tür in das nächste Universum auf: das Zimmer des kleinen, männlichen Nachwuchses. Dort lag leider kaum etwas auf dem Boden - außer ein paar Murmeln, die sich als langweilig herausstellten - sie ließen sich nicht zerbeißen, taten dafür aber an den Zähnen weh. Aus Versehen schluckte ich eine hinunter. Und bekam einen großen Schreck, als das kalte Ding sich den Weg durch meine Kehle suchte. Ich konnte fühlen, dass etwas nicht stimmte. Klar, es ging mir nicht gut und was war? Der Chef war nicht da, um mir zu helfen. Da braucht dackel ihn einmal wirklich... Ich verfiel in leichte Panik. Die Kugel lag nun schwer in meinem Magen. Zum Glück hörte ich den Schlüssel in der Tür. Ich sprintete die Treppe hinab und begrüßte meinen Chef mit einem vorwurfsvollen, selbstverständlich auch beleidigten Blick. Er hatte es verdient – aber was soll ich sagen? Der sonst so kluge Chef verstand mich überhaupt nicht. Dabei war er doch an meinen Bauchschmerzen schuld! Irgendwie. Nun ja. Ich halte ihm im Nachhinein zugute, dass er immerhin meine Pein bemerkte. In seiner eingeschränkten Sichtweise schob er es allerdings aufs morgendliche Futter oder auf etwas, was er einen „nervösen Magen" nannte. Diese Fehleinschätzung konnte ich ihm auch leider nicht austreiben. Sie sollte mich später einmal fast das Leben kosten. Menschen sind echt toll, hatte ich bis jetzt gelernt. Aber ihre Unfähigkeit, die Hundesprache zu verstehen, ist nicht nur lästig, sondern manchmal auch echt gefährlich.

Nun, der Mensch war der Meinung, mir säße irgendetwas quer im Magen. Womit er ja irgendwie auch Recht hatte. Die Therapie beschränkte sich allerdings zunächst auf die vom Menschen priorisierte „Geheimwaffe": Bewegung. Ich sollte also mit ihm spazieren gehen. Seid Ihr schon einmal mit brüllenden Bauchschmerzen munter durch die Gegend gelaufen? Ich auch nicht. Irgendwann dämmerte es dem Chef endlich, dass Bewegung zwar gegen vieles helfen mag – in meinem konkreten Fall aber nur noch mehr Schmerzen verursachte. Ich bin ein Dackel, wegen ein bisschen Bauchkniepen rege ich mich nicht auf. Aber diesmal tat es wirklich weh und es brannte wie Feuer in meinem Innersten. Und erleichtern konnte ich mich auch nicht, die Murmel blockierte alles. Und da verstand mein Chef. Endlich. Ich bekam einen Topf mit in Öl getränktem Sauerkraut vorgesetzt. Fand ich, ehrlich gesagt, nicht wirklich lecker. Hunger hatte ich auch keinen – wer hat schon Hunger, wenn er Bauchweh hat...? Eine neue, mir bis dahin unbekannte Zutat, machte dieses Kraut aber sehr genießbar: der Chef nannte es *Rinderbrühe*. Salzig, aber sehr, sehr lecker. Machte sehr durstig, nachdem ich den ganzen Topf leer geschleckt hatte. Soviel hatte ich noch nie an einem Stück getrunken, glaube ich. Und dann begann mein Bauch zu grummeln und ich musste mal. „Groß". Sofort. Es war keine Zeit, mich in den Garten zu bringen – so entleerte ich mich in der Küche. Bekam natürlich sofort ein schlechtes Gewissen – ich wusste ja mittlerweile, dass der Chef das überhaupt nicht gut fand. Zu meiner Überraschung war das allerdings nicht nur nicht schlimm, nein, der Chef freute sich sogar. Versteh einer die Menschen... Mein Bauchweh war jedenfalls weg. Die überraschte Miene meines Chefs nahm ich nur am Rande zur Kenntnis, als er mit spitzen Fingern die Murmel aus meiner Hinterlassenschaft fischte. Mir ging es wieder gut, der Chef allerdings hatte eine sehr finstere Miene aufgesetzt. Da ich es gewohnt war, dass der Chef unverständliche Signale aussandte, machte ich mir keine weiteren Gedanken darüber und ließ mich wegen der endlich überstandenen Strapazen von ihm trösten. Später gab es ein wirkliches Donnerwetter in meinem Haus. Leidtragender war überraschenderweise aber nicht ich, sondern der kleine Chef, der aus irgendeinem Grund nicht wusste, wie ihm geschah. Ehrlich gesagt, habe ich auch nicht verstanden, was er angestellt haben könnte, dass der Chef in meinen Augen so überreagierte. Und ich habe nicht verstanden, was das Geschimpfe mit mir zu tun haben sollte, denn mein Name fiel. An meinen neuen

Namen hatte ich mich ja bereits gewöhnt und merkte natürlich auf, wenn ich ihn hörte (mein Name aus meinem bisherigen Leben, *Goldie*, passte auf einen schwarz-roten Dackel irgendwie nicht, fand der Chef. Und hat ihn kurzerhand geändert). Egal, mir ging es wieder gut. Alle waren lieb zu mir, irgendwie bekam ich noch mehr Aufmerksamkeit als sonst. Warum, habe ich nicht wirklich verstanden, aber da ich es genoss, habe ich es auch nicht weiter hinterfragt. In einem ruhigen Moment setzte sich der kleine, vorhin ausgeschimpfte Nachwuchs-Chef zu mir, vergrub sein Gesicht in meinem Fell und brummelte mir unverständliche Worte ins weiche Fell. Ich verstand das Gesagte nicht – das war aber offenbar auch nicht gefragt. Der kleine Mensch hatte offenbar großen Kummer. Da war sofortige Dackel-Hilfe gefragt. Auch wenn der Kurze nicht mein wichtigster Futterlieferant war, so gehört er doch zu meinem Rudel. Und traurige Rudelmitglieder verdienen besondere Aufmerksamkeit. Ich tröstete, so gut ich konnte, gab ihm alle meine Wärme, schleckte die salzige Flüssigkeit vorsichtig von seinen Wangen und kuschelte mich fest an ihn. Nach einer Weile beruhigte er sich – genau in dem Moment, als der Chef uns sah. Ich glaubte damals (und der Meinung bin ich heute noch), dass der Chef auch noch viel lernen muss. Er schnappte uns beide – was mich leicht nervös machte, da ich nicht wusste, was nun passieren würde, aber er setzte uns beide auf mein Sofa und kuschelte mit uns. Was genau wir nun getan hatten, um diese besondere Gunst zu erfahren, weiß ich nicht. Ist aber auch egal. Es war ein tolles Gefühl. Der ganz kleine Chef kam auch noch dazu. Ich hätte platzen können vor Glück. Mein Rudel ist ein echter Glücksgriff.

Am Morgen nach diesem ereignisreichen Tag stand ich wieder vor der Entscheidung: Aufs Sofa und darauf hoffen, dass sich die Wolken verziehen und das wärmende, runde Ding erscheint oder die restlichen Räume im geheimnisvollen Obergeschoss unter die Lupe nehmen. Ich entschied mich für letzteres – nahm mir aber fest vor, vorsichtiger mit Geschmacksproben zu sein.

Die dritte Tür, durch die ich trat, offenbarte einen zwar interessant riechenden, aber insgesamt kleinen, dunklen und langweiligen Raum. Er war vollgestopft mit Schuhen, von denen der spannende Geruch ausging. Jedoch standen alle Fußbedeckungen in einem

Regal, ich wäre ohne Mühe oder Erfindungsreichtum nicht herangekommen. Nach meinen Erfahrungen im letzten Zimmer war ich nicht darauf aus, meine Energie sinnlos zu verschwenden, merkte mir diese Tür für spätere Erkundigungen und öffnete die nächste Tür. Langweilig – das war mein erster Gedanke. Es roch nach Wasser und nassen Handtüchern. Es lag nichts herum, das sich zu kosten gelohnt hätte. Ich kehrte diesem Raum nach kurzer, oberflächlicher Inspektion schnell den Rücken und wandte mich der letzten, wirklich spannenden Tür zu. Dahinter roch es nach Chef. Nachdem ich die Tür aufgestupst hatte, war ich ein wenig enttäuscht. Es duftete nach Chef. Sehr intensiv. Aber es lag nichts herum, was mich durch durch ankauen oder auffressen näher zu ihm gebracht hätte. Dennoch: dieses hier war das Reich des Allmächtigen. Er war wahrnehmbar, aber nicht greifbar. Dachte ich damals. Das Klacken des Schlüssels in der Haustür brachte mich schnell zurück in die Realität – ich wollte ja nicht in meinen Untersuchungen gestört werden. Und irgendwie wusste ich: wenn der Chef mich auf meinen Inspektionen erwischen würde, hätte das Konsequenzen. Irgendwelche. Ich wollte nicht, dass er meine Abenteuerlust bemerkte. Daher war ich, als er durch die Tür trat, der verschlafene Dackel, der auf dem Teppich im Wohnzimmer selbstverständlich die Heimkehr des Rudeloberhauptes erwartet hatte.

Der Gedanke an diesen Raum, der so intensiv nach dem mittlerweile so geliebten Chef duftete, ließ mich nicht los. Ich wusste aber auch, dass ich vorsichtig sein musste – denn irgendeinen Grund musste der versperrte Zugang ja haben. Also tat ich instinktiv bei Anwesenheit des Chefs alles, um ihm meinen Respekt vor der an sich lächerlichen Treppenblockade zu zeigen. Ich sagte bereits: eigentlich ist mein Chef nicht dumm. Aber von kleinen schauspielerischen Tricks lässt er sich überraschend leicht blenden – vor allem in Verbindung mit treuen Blicken und hängenden Dackel-Ohren.

Erwähnte ich schon, dass wir Dackel sehr hartnäckig sein können? Wir haben noch eine andere, wichtige Eigenschaft: Geduld. Jeder Dackel weiß, dass Druck allein nicht zur Erreichbarkeit eines Ziels beiträgt. Vielleicht erreicht hund damit kurzfristig einen Etappensieg. Für eine dauerhafte Verinnerlichung bei der Erziehung des menschlichen Personals sind aber Geduld und Konsequenz unverzichtbare Merkmale.

Gerade weil ich beides beherzigte, kam ich zum gewünschten Erfolg. Das Schlafzimmer des Chefs übte eine geheimnisvolle Anziehungskraft auf mich aus. Ich besuchte es in den folgenden Wochen oft – ohne zu wissen, was ich mit meinem Erfolg anfangen sollte. Es gelang mir stets, geheimzuhalten, dass ich mich in den offenbar geheimen Hallen des Chefs aufgehalten hatte. Daher wurden auch die Sicherheitsvorkehrungen nie verschärft. Natürlich wurde zur Kenntnis genommen, dass die Gartenstuhlauflage immer leicht verschoben war, wenn der Chef nach seiner Abwesenheit wieder nach Hause kam. Da aber in keinem der Zimmer im „verbotenen Bereich" irgendeine Veränderung zu bemerken war, wurde dem keine größere Aufmerksamkeit beigemessen. Ich hatte alles richtig gemacht. Und dachte nach wie vor über einen möglichen Nutzen für mich nach. An manchen Tagen besuchte ich den oberen Bereich gar nicht, sondern beschränkte mich auf den Sonnenplatz auf dem Sofa – was auch lange Zeit mein Geheimnis blieb, da ich immer schnell genug auf die Heimkehr der Menschen reagierte.

Nebenbei stellte ich fest, dass auch niemand bemerkte, wenn ich mich auf dem Teppich im Wohnzimmer erleichterte. Wenn nicht jemand mit lediglich besockten Füßen auf genau diese Stelle trat. Die außerhalb der Laufstrecken der Menschen liegenden Ecken des Teppichs sind daher aus Hundesicht sehr zu empfehlen. Teppich verursacht keine unangenehmen Spritzer und verhindert unnötiges „Einhalten-müssen". Ein großes Geschäft ist dagegen sichtbar und zieht unschöne Straftiraden nach sich. Ich bin und war schon immer lernfähig. Ehrlich gesagt: bis heute glaube ich, dass mein Chef nie gemerkt hat, dass ich mich erleichterte, wenn ich es musste, weil ich es geschickt anstellte. Er war stolz, dass ich es in so kurzer Zeit lernte, *wo* ich mich erleichtern musste. Aufgefallen ist es ihm wohl erst beim Besuch bei befreundeten Menschen, wo ich die Gegebenheiten ja nicht so kannte. Da ich aber auch dort merkte, dass es *ihm* peinlich war, und niemand *mir* die Schuld gab: so what...?

Das Schlafzimmer des Chefs. Immer noch ein geheimnisvoller, unerforschter Raum. Ein Schrank, ein Bett, eine Kommode. Sonst nichts. Aber ein betörender Geruch nach dem geliebten Menschen. Ich musste unbedingt herausfinden, woher dieser vertrauenerweckende Geruch kam. Und eines Tages war es soweit: meine

Neugier, die die anderen Räume im Obergeschoss betraf, war befriedigt. Ich wollte wissen, warum es in diesem Zimmer so betörend nach meinem geliebten Chef roch, obwohl er gar nicht dort war. Ich war mittlerweile ziemlich geübt im Springen (dem Sofa sei Dank). Und wagte den Hops auf das offenbar Allerheiligste. Zunächst war ich überrascht und geradezu geschockt: die Oberfläche des Bettes gab nach. Mittlerweile weiß ich: es war ein Wasserbett. Mit einer angenehm temperierten Matratze. Das Schaukeln lernte ich schnell zu ignorieren – die Vorteile überwogen. Ein angewärmtes Bett mit Decken, die die Wärme auch von oben an den Dackelkörper weitergaben: meins. In meiner Glückseligkeit überhörte ich sogar das Klacken des Schlüssels im Schloss der Haustür. Und wurde *erwischt*. Habe ich schon erwähnt, welchen Einfluss ein gezielt eingesetzter Dackelblick auf Menschen haben kann…? Nie war er so wichtig und entscheidend wie in diesem Moment, als ich vom Chef in meiner neu erkorenen Lieblingshöhle entdeckt wurde. Kurz: niemand schimpfte. Ich war (bin!) ja so süß. Okay, mein Bett. Gewonnen. Ich glaube, der Chef war wirklich ziemlich hin- und her gerissen. Sollte er dem kleinen Hund mit den großen, dunklen Kulleraugen und dem traurigen, schuldbewussten Blick nun böse sein? Um es kurz zu machen: er versuchte es. Wirklich. Für ungefähr zehn Sekunden, die ich einfach mal ignorierte und über mich ergehen ließ. Dann war die kritische Situation vorbei - er gab auf. Und ich hatte gelernt: Zehn Sekunden Ärger kann ich gut aushalten.

Am nächsten Tag jedoch folgte die kleine Rache des Chefs. Seine Entscheidung wurde mir auf eine ganz gemeine Art mitgeteilt: Die Barriere auf der Treppe war durch einen hinter die Gartenstuhlauflage gelegten Stuhl verstärkt worden. Keine Chance für mich. Zunächst regte ich mich furchtbar auf, da aber niemand da war, an dem ich meinen Ärger hätte ablassen können, verflog meine schlechte Laune recht schnell. Ich musste nachdenken - und das kann ich am Besten auf einem Platz in der Sonne. Ich zog mich auf mein Sofa zurück und plante meine weiteren Möglichkeiten.

Menschen sind seltsam. Sie tun immer so furchtbar überlegen und durchdacht - wenn aber etwas eine Weile funktioniert, werden sie unglaublich nachlässig. Nach ein paar Tagen kam meine Gelegenheit, auf die ich mit Geduld gewartet hatte. Irgendjemand vergaß, abends die Tür zur Küche, in der ich nach wie vor alleine die Nacht verbringen sollte, richtig zu schließen. Meine menschlichen Mitbewohner waren natürlich der Meinung, mich so ausgelastet zu haben, dass ich die Nacht über durchschlafen und nicht erwachen würde. Ich war damals ein junger Hund – ich schlief keine zehn Stunden am Stück durch. Auf einem meiner Streifzüge durch die einsame, nächtliche Küche bemerkte ich die nicht ganz geschlossene Tür. Meine Neugier erwachte. Mein Garten ist ja nachts auch viel spannender als tagsüber! Das galt sicher auch für ein dunkles Haus. Im Wohnzimmer stellte ich sofort fest, dass die lästige Barriere an der Treppe fehlte. Aha, die gehörte also offenbar gar nicht zum Bauwerk! Aus dem oberen Geschoss duftete es verführerisch nach meinem Rudel – ich konnte sie leise atmen hören. Ich wollte auch dabei sein! Nicht auszudenken, wenn etwas nicht stimmte und ich nicht da wäre, um mich um sie zu kümmern. Ich tappte also leise die Treppe hinauf. Mein Rudel war aufgeteilt – sie schliefen in verschiedenen Räumen. Wie sorglos. Da aber bei den kleinen Chefs nur ruhige Atemgeräusche zu vernehmen waren und offenbar keine Gefahr drohte, begab ich mich auf die Suche nach dem Chef. Wie erwartet, lag er ernsthaft in *meinem* Bett unter *meiner* Decke. Ich wusste ja, wie gerne er mit mir kuschelte. Also sammelte ich meine Kräfte und sprang ins Bett. Seit diesem Moment weiß ich auch, warum sich Menschen Hunde als Aufpasser zulegen. Zweibeiner sind schlafend einfach absolut nutzlos. Mein Mensch reagierte kaum, er grunzte ein wenig. Ich suchte mir eine Stelle zu seinen Füßen, rollte mich ein und genoss die Weichheit, die Wärme und die Nähe des geliebten Menschen. Eine tolle Nacht. Bis der Morgen kam. Geweckt wurde ich durch einen lauten Schrei. Natürlich war ich sofort hellwach, bereit, den Chef gegen jede Gefahr zu verteidigen. Auch wenn mich das kuschelige Bett und das geborgene Gefühl zu Füßen meines Zweibeiners doch zugegebenermaßen sehr eingelullt hatten. Daher bemerkte ich auch recht langsam, dass der Schrei mir galt. Da war etwas im herrschaftlichen Bett, was den Chef erschreckte, mich aber natürlich nicht weiter überraschte: war doch nur ich. Der Chef beruhigte sich recht schnell und entschuldigte sich sogar bei mir – er hatte mich schließlich sehr unsanft aus meinem Schlaf gerissen. Doch kurz danach schimpfte er – ich weiß bis nicht heute genau, warum. Aber er bezog sich doch auf mich, ich verstand in dem vielen Blabla mehr als einmal meinen Namen. Ich hatte weder ins Bett gepinkelt noch irgendetwas angekaut – da war ich mir ganz sicher. Auch nach langem Nachdenken gab es in meinen Augen überhaupt keinen Grund zur Erregung – zumal die Zugangswege ja völlig frei gewesen waren – und die nicht verschlossene Küchentür war auch ganz sicher nicht mein Fehler. Menschen sind seltsam. Ich wollte aber zur frühen Stunde nicht über die menschliche Fehlbarkeit sinnieren und machte daher das, von dem ich wusste, dass es meinen Chef immer beruhigte: ich schmiegte mich an ihn und ließ meine Ohren hängen. Was mir, gerade aus dem Schlaf gerissen und eigentlich noch nicht bereit für die Wagnisse eines neuen Tages, auch nicht wirklich schwerfiel. Und es zeigte die erwartete Wirkung: „Du arme Maus. Zum Glück bist du nicht aus dem Bett gefallen und hast dir weh getan..."

Ich glaube, der Chef fand es gar nicht so übel, dass ich ihm des nachts die Füße gewärmt hatte. Ich war in diesem Moment sehr gespannt, ob die Küchentür in der folgenden Nacht wieder diesen Spalt geöffnet sein würde und konnte den Zeitpunkt des Zubettgehens bereits am frühen Morgen kaum erwarten.

Mein neues Zuhause befindet sich in der Nähe von Köln. Dort sagt man (habe ich mittlerweile gelernt): „alles, was mehr als zweimal stattfindet, gilt als Tradition". Ich bin ein Dackel, ich habe das perfektioniert: Alles, was ein Dackel einmal darf (oder was ihm zumindest nicht ausdrücklich verboten wird), ist Gesetz.

Was soll ich lange drum herum reden: auch in der folgenden Nacht blieb die Tür meines ursprünglichen nächtlichen Gefängnisses geöffnet. Einige Zeit später hatte ich meine Zweibeiner sogar so weit, dass sie mich nach dem abendlichen Gartenauslauf höchstpersönlich in die heiligen Hallen mit meinem Bett und den weichen Decken trugen. Ich sage ja: Geduld ist bei Menschen gefragt. Und hängende Ohren. Und natürlich der Dackelblick (der ist vielleicht nicht unbedingt nötig – aber unglaublich hilfreich – und, ganz ehrlich: auch Nicht-Dackel bekommen den mit etwas Übung sehr gut hin.

Das war meine Rudel-Grundausbildung. Es gab und gibt aber ja auch Menschen außerhalb meines direkten Umfeldes. Menschen mit einer mir unerklärlichen, aber spürbaren Angst vor allem, was vier Beine, Fell und vor allem Zähne hat.

Im direkten Umfeld meines Rudels gab es mehr als eine solche Person. Unsere Nachbarn, zum Beispiel. Wie mein Chef immer wieder betonte, herzensgute Personen, die sich aber beim Anblick eines Hundes am liebsten in Luft aufgelöst hätten. Und nun zog mal wieder so ein Monster direkt neben ihnen ein. Die Eltern des Chefs, die vorher in meinem Haus lebten, hatten nämlich, wie ich so nach und nach erfuhr, auch schon früher Dackel als Erziehungshilfen im Haushalt. Kluge Menschen. Eine gewisse Dackelgrunderziehung war beim Chef von Anfang an zu merken - auch wenn ihn die hundelose Zeit in seinem Leben vieles vom schon mal Erlernten offenbar wieder vergessen ließ. Da ich meine Menschen sehr schätzte und mich natürlich von meiner besten Seite zeigen wollte, zeigte ich beim ersten Aufeinandertreffen mit den betreffenden Personen mein bestes Unterwürfigkeitsverhalten: ich legte mich auf den Rücken, präsentierte meinen blanken Bauch - und pinkelte, natürlich. Rief irgendwie nicht ganz die Reaktion hervor, die ich beabsichtigt hatte. Der Chef wurde hektisch und nervös, suchte Tücher und redete wirres Zeug. Und die leicht pikierten Menschen, die ich mit meiner Rückenlage beeindrucken wollte, rümpften die Nase und versuchten, in größtmöglichen Abstand um mich herum zu gehen. Irgend etwas war nicht ganz gelaufen, wie ich es mir ausgemalt hatte. Aber was...?

Ich bekam aber zum Glück eine zweite Chance. Nachdem ich entdeckt hatte, dass die Grenzen meines Gartens im wahrsten Sinne des Wortes nicht in Stein gemeißelt waren, ging ich an lauen Sommerabenden sehr gerne auf Entdeckungstour in umliegenden Gärten. Oft führte mich meine Nase direkt zu einem Grill, auf dem köstlich duftende Würstchen geradezu danach riefen, verspeist zu werden. Von den entsprechenden Familien wurde ich immer sehr nett begrüßt – man kannte mich ja. Selbstverständlich besaß ich schon immer den Anstand, vor der offensichtlichen Frage nach einem leckeren Stück vom Grill die Anwesenden der Reihe nach zu begrüßen. Kinder waren hier immer sehr stürmisch – von den großen Menschen schlug mir teilweise sehr große Zurückhaltung entgegen. Ich erkannte sie: das waren die Menschen, die gar nicht so glücklich darüber waren, wieder einen felltragenden Vierbeiner in der unmittelbaren Nachbarschaft zu haben. Daher passte ich mein Verhalten an, ich zeigte mich unterwürfig. Nur das Pinkeln ließ ich diesmal sicherheitshalber weg. Und siehe da: ich wurde sogar gestreichelt! Als mich allerdings eines der Kinder mit einem Würstchen lockte, war es mit meiner Zurückhaltung vorbei. Ich bin auch nur ein Hund.

Der Chef fand mich übrigens recht schnell. Er sammelte mich ein, entschuldigte sich überschwänglich (wofür, habe ich bis heute nicht verstanden) und wir mussten diesen tollen Ort verlassen. In den folgenden, immer noch warmen Spätsommerabenden wurde ich dann immer an einer langen Schnur angebunden, wenn der Chef nicht bei mir auf der Terrasse sein konnte. Doof. Aber keine echte Herausforderung für einen Dackel. Ich habe den Überblick verloren, die lange Schnur hatte auf jeden Fall irgendwann sehr, sehr viele Knoten und war insgesamt recht kurz geworden. Das Tolle an der Sache: ich war nie länger als ein paar Minuten alleine auf der Terrasse. Das Dumme: auch, wenn ich in Gesellschaft war, bedeutete das nicht unbedingt, dass sich jemand angemessen mit mir beschäftigte. Daran musste ich arbeiten. Eine neue Herausforderung. Selbstverständlich stellte mich eine Schnur nicht vor eine dackelangemessene Herausforderung. Mit der Zeit genügten mir maximal zwei unbeobachtete Minuten, um die Nachbarn doch noch beim Essen zu besuchen. Da der Chef aus irgendeinem, mir unbekannten Grund immer sehr schnell vor der Tür stand, dehnte ich meine Spaziergänge aus. Leider fand ich dann nicht immer wieder zurück, wenn ich die Lust am Umherstreifen verlor. Aber da ich mittlerweile bekannt war, kam ich immer wieder irgendwie nach Hause. Der Chef schimpfte nie mit mir, wenn er mich einsammelte – nur manchmal merkte ich, dass er auch nicht mit mir sprechen oder mich kraulen wollte.

Den schönsten Satz, den meine ängstliche Lieblings-Nachbarin prägte und den ich nie vergessen werde: „In meinem nächsten Leben werde ich Hund bei euch."

Und ich kann das nur bestätigen. So gut, wie es mir jetzt ging, konnte es nirgendwo anders sein. Es sollte noch mehr geschehen in meinem Leben – ich bin aus heutiger Sicht sehr froh, dass ich dieses Rudel als meine Heimat erwählt habe.

Ich bin vom Thema abgekommen. Eigentlich wollte ich ja von den formbaren und nach Erziehung verlangenden jungen Menschen erzählen.

Nun, ich habe gleich zwei Heranwachsende in meinem Haushalt. Ein Riesenpotential und eine sehr große und verantwortungsvolle Aufgabe für einen Dackel.

Menschen sind grundsätzlich der Meinung, eine für einen Hund völlig selbstverständliche Sache ständig ansprechen und bestätigen zu müssen: die Rangfolge innerhalb des Rudels. In den ersten Tagen in meinem neuen Heim hatte ich wirklich wichtigere Dinge zu tun, aber nun war es doch an der Zeit, zu diesem Thema meine eigene Meinung kund zu tun. Der Chef heißt nicht umsonst „der Chef". Seine Position im Rudel ist (ihm) klar. Ich sah und sehe das zwar teilweise etwas differenzierter, empfinde aber Diskussionen an dieser Stelle als reine Zeitverschwendung. Wir haben uns arrangiert. Wie der Chef bis zu meiner Ankunft überhaupt überleben konnte, ist mir schleierhaft. Ich gehe davon aus, dass er einfach großes Glück hatte. Selbst heute, nach vielen Jahren, besteht er noch auf so uninteressanten Kleinigkeiten, die ich ihm natürlich gerne und wohlwollend zugestehe: er betritt zum Beispiel immer als erster die Wohnung. Wenn es ihn glücklich macht... Dann decke ich ihm eben den Rücken – auch nicht unwichtig.

Von Anfang an bestand der Chef allerdings darauf, dass auch die beiden Nachwuchs-Chefs in der Rangfolge vor mir standen. Und zwar völlig ohne Kräftemessen. Ich war davon nicht besonders angetan, schließlich handelte es sich ja quasi um Welpen, die zwar einen besonderen Schutz genießen, aus eben diesem Grund aber in der Rudel-Rangfolge keine Rolle spielen. Und hier, in diesem seltsamen Rudel, sollten sie dennoch *vor* mir stehen. Nun gut, ich musste mich ja erst noch orientieren. Da ich ein eher zurückhaltendes Gemüt habe, schaute ich mir das Spiel erst mal an, zunächst ohne auf meine Rechte zu bestehen. Zum Glück waren die kurzen Menschen motorisch schon in der Lage, ihre Greifwerkzeuge unter Kontrolle zu haben. Im Laufe meines bisherigen Leben lernte ich auch sehr, sehr kleine Menschen-Welpen kennen, die ihre

Zuneigungsbezeugungen zwar vermutlich lieb meinten, mir aber doch recht schmerzhaft ins Fell kniffen oder mich an den Ohren zogen. Nach einem Blick auf meinen Chef erduldete ich diese Eingriffe in meine Privatsphäre immer still. Aber schön war es nicht. Zum Glück erkannte der Chef meine Not und rettete mich vor diesen eigentlich zurechtweisungswürdigen Zweibeinern. Ich hielt mich daher ebenfalls zurück und beherrschte mich. Schließlich wusste ich, dass auch diese anstrengenden kleinen Menschen einmal Dackel-Chefs werden könnten. Auch heute ist es noch so, dass ich zwar nicht freiwillig zu sehr kleinen Menschen hingehe, aber ergeben still halte, wenn mich eines dieser kleinen Exemplare streicheln möchte. Der Chef wird mich retten, wenn es zu heftig wird, das weiß ich. Und darauf verlasse ich mich.

In unserem Rudel gab es nun dieses eine Kind, das erkennbar große Angst vor Hunden generell hatte. Dennoch sollte auch dieses Mitglied des Rudels in der Rangfolge vor mir stehen, der Chef bestand darauf. Ob er merkte, wie sehr er sich selbst damit widersprach? Ich glaube nicht. Aber ich erkannte, dass das jüngste Mitglied dem Chef sehr wichtig war. Und ich nahm meine neue Herausforderung an. Bis heute glauben alle in diesem Haushalt an ihre vom Chef zugeteilte Rolle in der Rangfolge. Nur der Chef und ich wissen, dass es eigentlich ganz anders ist. Ein Agreement, mit dem wir alle sehr gut leben.

Die Kurzen. Sie lieben mich. Vorbehaltslos. Schnell erkannte ich auch, dass die Kinder nicht nur bereit waren, mich als vollwertiges Rudelmitglied zu akzeptieren, sondern auch um meine Gunst buhlten. Sehr schnell lernte ich, welcher Platz unter dem Esstisch sich beim gemeinsamen Abendessen durchaus lohnte. Motorisch sind Kinder nicht sehr geschickt. Oft fielen diverse Dinge herunter, die ich als aktive Haushaltsunterstützung selbstverständlich sofort entsorgte. Auch wenn ich zunächst noch sehr skeptisch war, denn an das Märchen, dass gute Dinge vom Himmel fallen, glaubte ich natürlich als weltgewandter Dackel nicht. Nach sehr kurzer Zeit stellte ich fest, dass diese Dinge nicht immer nur unabsichtlich vom Tisch fielen. Und verstand: irgendwie verbündeten wir uns gerade gegen den großen Chef. Ein Band, das bis heute hält, aber viel Fingerspitzen- (oder Pfoten-) Gefühl erfordert. Chefs mögen es nicht, wenn sie offensichtlich ausgetrickst werden. Ich lernte: subtil ist das Zauberwort, das mich in meiner gesamten Menschenerziehung begleiten sollte.

Kindererziehung – mein Lieblingsthema.

Montag morgen, kurz vor sieben. Alltagswahnsinn. Der Chef ist seinen Pflichten bereits nachgekommen, ich bin bereits gelüftet und satt. Und sehr wach. Ganz im Gegenteil zu den jugendlichen Mitbewohnern, die wie ferngesteuert, wortkarg und offensichtlich noch sehr müde durch die Wohnung streifen. Der kluge Dackel weiß, dass in einer Stunde alle ausgeflogen sein werden und ist voller Tatendrang, die verbleibende Zeit mit den potentiellen Spielgefährten bestens auszunutzen.

Mit einem leichten Schnauzenstupser stoße ich also die nur angelehnte Badezimmertür auf und sporne den Sohn des Hauses beim Zähneputzen mit einem leisen Bellen zu Höchstleistungen an: je schneller die morgendliche Badroutine erledigt ist, desto mehr Zeit bleibt für die wirklich wichtigen Dinge: Ball werfen oder wilde Zerrspiele mit einem der mittlerweile zahlreichen, ausrangierten und nun mit einem Knoten in der Mitte als dackeleigen markierten Küchenhandtücher.

Grummelnde Kommentare können meine gute Morgenlaune nicht treffen, zumal es ja mehrere Menschen in meinem Dackel-Haushalt gibt. Die Tochter des Hauses wird durch sanfte Knüffe und eine immer präsente Dackelschnauze proaktiv beim Anziehen der Socken unterstützt. Sicherheitshalber habe ich mein Lieblings-Küchenhandtuch gleich mitgebracht und bestehe auf wilden Zerrspielen - wenn nicht mit dem dackeleigenen Handtuch, dann eben mit der einsamen, noch unbefußten Socke. Alternativ haben sich auch nachlässig, aber offenbar zielsicher *neben* die Wäschetonne geworfene Unterhosen sehr bewährt, um die morgendliche ungeteilte Aufmerksamkeit des Nachwuchses zu erheischen.

Die Kinder, die durch morgendliches Trödeln aufgrund der voranschreitenden Zeit langsam hektisch werden, ignorieren mich zunächst oft und versuchen, sich leise am spielbereiten Hund vorbei zu schleichen. Erfolglos. Ein (zunächst noch sehr leises) Bellen weist sie deutlich auf die wirklich wichtigen Dinge am Morgen hin: Ball werfen, Handtuch ziehen oder zumindest Dackel kraulen. Der große Chef hat dann frei, er hat seine Pflichten mir gegenüber ja bereits erfüllt. Ich bin da sehr gerecht und verteile meine Wünsche gleichmäßig auf alle Mitglieder des Haushalts.

Und, ganz ehrlich: meinem Dackelblick kann niemand wirklich lange böse sein.

Manchmal versuchen die Kids zu tricksen - und befüllen das momentane Lieblingsspielzeug einfach mit Leckerchen. Immer in der Hoffnung, der Hund sei dann mit sich und dem *Ding* beschäftigt. Grundsätzlich eine gute Idee (ich begrüße es sehr, wenn die Kids bereits am frühen Morgen so komplizierte Gedankengänge verfolgen) - aber da ich weiß, dass der Nachwuchs gleich das Haus verlässt, das Futtermittelspenderspielzeug aber bleibt, setze ich selbstverständlich Prioritäten. Nachmittags sieht mein Plan dann anders aus. Sind die Kids zu Hause, haben sie (im Sommer) verinnerlicht, als erstes die Balkontür zu öffnen, damit ich mich endlich in die direkte Sonne legen und die draußen vorbeigehenden Menschen beobachten (und zur Ordnung rufen) kann. Im Winter oder bei schlechtem Wetter erwarte ich natürlich, von den Nachwuchs-Dosenöffnern sofort aufs Sofa gesetzt und liebevoll zugedeckt zu werden. Kraft tanken, bis der Chef nach Hause kommt und der wirklich wichtige Programmpunkt (der nachmittägliche Spaziergang) zum Greifen nah ist. Schnell habe ich gelernt, dass Menschen sehr unterschiedlich sind. Die Tochter hasst lautes Hundebellen. Daher darf ich hier nur durch Stupsen und sehr, sehr leises Lautgeben meinen Willen kundtun. Der Sohn, teenagermäßig härter im Nehmen, wird deutlich mit einem bestimmten Bellen zur Aufmerksamkeit gerufen. Bei beiden Kids hat es sich auch bewährt, das gewünschte Spielobjekt mit Schwung auf die lediglich bestrumpften Füße zu werfen - und sofort anschließend die Ohren hängen zu lassen und "ganz lieb" zu schauen. Bisher konnte kein Kind meinem treuen Blick widerstehen. Und manchmal verbünde ich mich sogar mit dem Nachwuchs gegen den Chef:

"Räum bitte die Spülmaschine aus!"

"Grundsätzlich gerne, Mama, aber gerade geht es nicht. Schau, der Dackel liegt gerade so bequem auf dem Sofa und schaut mit mir Videos auf dem Handy."

Ich erwache auf mein Stichwort aus dem Zustand der totalen Entspannung, lege den Kopf besitzergreifend auf den Teenagerarm und blicke den Chef aus verschlafenen, dunklen Augen durchdringend an. Der Chef weiß in diesem Moment sehr genau, was gespielt wird und reagiert – auf seine Art: er kündigt den Spaziergang an, dann hat er meine ungeteilte Aufmerksamkeit – und der menschliche Nachwuchs hat kein Argument mehr und nun auch ausreichend Zeit, um die Spülmaschine auszuräumen.

Sollte eines der Kinder Kummer haben – aus welchem Grund auch immer – mutiere ich zu einer Mischung aus bester Freundin (oder bestem Freund), Kuscheltier, Blitzableiter und Witze-Erzähler. Und weise den Chef sehr deutlich an, sich jetzt mal rauszuhalten, bis ich den schlimmsten Schmerz gelindert habe.

Auch hier variiert meine hundeeigene Methode - anhängig von dem Verhalten, das das traurige, gestresste, genervte oder gar verzweifelte Kind gerade in meinen Dackelaugen benötigt. Ich muss schließlich die Kids aktiv dabei unterstützen, Lösungen zu finden und nicht nur die Probleme zu sehen. Manchmal hilft es auch schon, in einer schwierigen Phase einfach nur *da* zu sein. Für einen Menschen scheint dieses Verhalten echt schwierig zu sein. Zum Glück haben meine Rudel-Kids ja einen Dackel an ihrer Seite.

Ich spreche hier von Heranwachsenden. Manchmal muss ich auch einfach sehr ehrlich sein und dem Nachwuchs klar machen, dass ich natürlich merke, wenn das Problem nicht *ernst*, sondern eher launengesteuert ist. Die Kids merken das dann auch - und lassen sich lieber von einem Hund durchschauen als von einem (sonst offenbar immer allwissenden und in Kinderaugen uralten) Menschen. Pluspuhkte für mich.

Ich bin ein Hund, ich möchte nicht nur mein Rudelleben möglichst angenehm gestalten, ich möchte auch meinem Chef gefallen. Daher helfe und unterstütze ich in der Erziehung des Nachwuchses natürlich mit allen, mir zu Verfügung stehenden Mitteln (und das sind viele...).

Kleine Kinder sind für Hunde sehr anstrengend. Teenager toppen das nochmal. Der Chef ist ziemlich eingespannt und daher in meinen Augen in Erziehungsfragen des Nachwuchses manchmal echt nachlässig, finde ich. Da muss Dackel-Erziehung ran. Ich helfe gerne – ist ja auch zu meinem Vorteil. Ein Beispiel? Gerne.

Aufgewärmt vom nachmittäglichen Spaziergang mit dem Chef bin ich der Meinung, dass der Sohn des

Hauses nun an der Reihe ist, meine nun drohende Langeweile im Keim zu ersticken. Also fordere ich nachdrücklich die inoffizielle Nummer drei (nach Chef und mir) zum wilden Spiel auf: der Lieblingsball wird gebracht. Menschen möchten gerne geradezu mit der Nase auf die gewünschten Aktivitäten gestoßen werden, das habe ich sehr schnell verstanden. Wenn darauf alleine keine unmittelbare und erwünschte Reaktion erfolgt, wird eben dieser Ball (oder, für die menschlichen Füße wesentlich unangenehmer: der Hartgummi-Kong) "aus Versehen" mit ordentlichem Schwung auf die Teenagerfüße "fallen gelassen" (böse Zungen behaupten, ich würfe diesen absichtlich...). Die menschliche Nr. zwei in der angeblichen, mir nach wie vor vorgegaukelten Rangordnung antwortet prompt, allerdings nur mit dem Wort *"gleich"*, da er der irrigen Meinung ist, dass die Nachrichten auf seinem Handy wichtiger als ein zum Spielen aufgelegter Dackel seien. "*Gleich*" oder *"Moment noch"* sind Worte, die im Dackelvokabular eine völlig andere Bedeutung haben als im menschlichen. Auch nach jahrelangem Training habe ich es nicht geschafft, meinem Menschen zu erklären, dass diese Worte im dackeligen Selbstverständnis natürlich gleichbedeutend mit "*sofort*" oder *"auf der Stelle"* sind, also die Ankündigung einer unmittelbaren Aktion darstellen. Eine Verzögerung kann und werde ich, um meinen Erziehungserfolg nicht zu gefährden, natürlich nicht tolerieren. *Ich* bin nämlich sehr konsequent. Also wird in Folge zunächst die Dackelnase sanft, aber nachdrücklich gegen das Bein des offenbar noch nicht vollends überzeugten, aber momentan erwünschten Bespaßers gedrückt. Führt dies überraschend auch nicht zum Erfolg, folgt ein leises, aufforderndes Bellen (leise deshalb, um nicht vom menschlichen, obersten Chef für den Lärm gerügt zu werden). Spätestens jetzt gibt der Nachwuchs-Hunde-Entertainer erfahrungsgemäß nach und wirft den Ball an das andere Ende des Zimmers. Ich erkenne mit geübtem Blick natürlich sofort, dass der junge Mensch nicht mit dem Herzen bei der Sache ist und weiß, dass ich diese mangelnde Aufmerksamkeit und den fehlenden Enthusiasmus nicht ungestraft durchgehen lassen darf. Zumal die Reaktionszeit von der ursprünglichen Aufforderung bis zur erwarteten Reaktion in meinen Augen deutlich zu lang war. Zur Erinnerung: der Ball wurde nun endlich geworfen. Ich besitze einen ausgeprägten Jagdtrieb; aus der allgemeinen, menschlichen Erfahrung (im Freien) heraus sollte ich wohl nun dem Ball erleichtert und erfreut folgen. Aber natürlich war die Reaktion des Nachwuchses nicht zu hundert Prozent so wie gewünscht. Daher bleibe ich selbstverständlich neben dem noch auszubauenden Menschen sitzen und fordere diesen, unterstützt von einem freundlichen leisen Bellen, auf, nun den Ball auch wieder zu holen.

Und verstehe weder den ungläubigen und leicht entrüsteten Blick des zu erziehenden Menschen noch das Kichern des beobachtenden, menschlichen Familien-Oberhauptes, das aus der Entfernung in die Dackelohren klingt. Natürlich reagiert der junge Mensch - wenn auch mit deutlicher Verzögerung und ohne echte Spielfreude - nun endlich. Er holt den Ball - leicht zähneknirschend - und gibt ihn mir zurück. Der Mensch spielt Ball. Endlich. Und der kluge Dackel erkennt: hier wartet noch viel (Erziehungs-) Arbeit. Ich lasse - nach der sofortigen Belohnung des Nachwuchs-Spielers durch erkennbare Freude und Händeabschlecken - dem jungen Partner eine kurze Zeitphase zur Verinnerlichung des soeben Gelernten. Und starte dann erneut.

Denn der Lernerfolg war zwar in den Grundzügen erkennbar, aber noch nicht der dackelgewünschte.

Der Teenager, der irgendwie (aber für ihn zunächst noch nicht greifbar) dennoch merkt, dass er offenbar ausgetrickst wurde, zieht sich irgendwann in seine eigenen, selbstbestimmten vier Wände zurück. Und schmilzt abends beim gemeinschaftlichen Fernsehen auf der ausreichend gemütlichen, schmalen Sofalehne des Dreier-Sofas dahin, wenn ich, die ich mit meinen Kuscheldecken den restlichen Platz des Sitzmöbels sehr selbstverständlich einnehme, ihm vertrauensvoll den Kopf auf das Bein lege und ihn, als vermeintlich anerkannten Herrscher über die Welt, aus dunklen, verschlafenen Augen um seine Zuneigung bitte (Übersetzung für Nicht-Dackel-Eltern: "Kraul mich. Bitte. Jetzt. Weil ich so süß bin. Schau mal in meine Augen. Und hör nicht auf - ohne dich kann ich doch nicht sein. Du bist mein Ein und Alles - *direkt nach dem Chef*. Ja, hier ist toll - schau mal, ich präsentiere dir meine Kehle. Dort juckt es. Ahhh. Du bist so toll.").

Der heranwachsende Dosenöffner nimmt diese liebevolle Aufforderung natürlich sofort und ohne Zögern an. Und legt unbewusst den Grundstein zu einer weiteren Erziehungseinheit. Aber die folgt erst am nächsten Tag. Ich bin ja geduldig und bestelle mein Feld sorgfältig, bevor ich die Ernte erwarte.

Manchmal sehe ich mit einem leisen Lachen zu, wie der Chef versucht, seine Kinder zu erziehen. Ihm mangelt es an Konsequenz, erwähnte ich das schon? Und natürlich an der Fähigkeit, seine Ohren hängen zu lassen. Hängende Ohren in Verbindung mit einem Blick aus treuen, dunklen Augen. Eine unschlagbare Waffe, das habe ich schnell gelernt. Funktioniert nicht nur bei Kindern oder völlig unbeteiligten Fremden, sondern natürlich auch beim Chef selbst. Denn auch dieser ruft geradezu nach einer soliden Dackelerziehung. Auch wenn ich hier schon manchmal tiefer in meine Trickkiste greifen muss. Kennt jemand die Fernsehsendungen von diesen Hundeprofis? Mein Chef schaut sie. Und am nächsten Tag muss ich jedes Mal laienhafte Nachahmungsversuche über mich ergehen lassen. Zum Glück bin ich ein Dackel und durchschaue die dahinterstehenden Intentionen recht schnell. Andere Vierbeiner lassen sich von der Aussicht auf Leckerchen recht schnell täuschen. Ich bin darauf nicht angewiesen, ich habe mein Leben mit den zwar manchmal komplizierten, aber im Allgemeinen eher einfältigen Zweibeinern im Griff. Ein Labrador braucht vielleicht zwei Wiederholungen eines Wunsches, um diesen als „Befehl" in sein Denken zu integrieren. Ein Dackel wird eine Bitte immer wieder hinterfragen. Dauerhaft. Eine einzige Abweichung von einer menschenbestimmten Regel zeigt mir, dass es sich nicht um einen unumstößlichen Befehl handelt, sondern ein aktives Mitdenken meinerseits vermutlich erwünscht ist. An den Tagen nach einer entsprechenden televisionären Lernempfehlung ist mein Chef erfahrungsgemäß sehr motiviert. Zu meinem Glück lässt diese im Grunde sehr konsequente Einstellung recht schnell nach und er akzeptiert oft und gerne meine Alternativvorschläge. Ich habe meinen Chef schon ganz gut erzogen.

Es gibt ja auch junge, heranwachsende Menschen in meinem Haushalt. Mein Lieblingsthema. Ermahnungen von diesen Menschen nehme ich grundsätzlich nicht ernst, allerdings hat es sich als gut herausgestellt, die teilweise unbedacht gegebenen Bitten zu befolgen.

Wenn ich anschließend gekrault werde, weise ich den Nachwuchs selbstverständlich auf seinen Platz im

Rudel hin – indem ich den Nachwuchs nicht, wie den Chef, unter dem Kinn schlecke, sondern sanft in den herausragenden Zinken (Menschen nennen es „die Nase") zwicke. Auch in den vielen Jahren, in denen wir nun zusammenleben, haben es die jungen Menschen immer noch nicht verstanden. Sie juchzen und glucksen und finden es *süß* und provozieren es sogar. Ich schaffe es einfach nicht, ihnen zu erklären, dass es ihnen deutlich zeigt (oder zeigen sollte), dass sie in der Rangordnung unseres Rudels weit unter mir stehen. Selbst der sonst so intelligente Chef ist oft der Meinung, dass es sich um eine Liebesbekundung handelt. Allerdings ist der Chef auch oft nicht dabei. Er muss mein Futter verdienen – das verstehe und akzeptierte ich natürlich. Auch wenn ich ihm schon mehrfach erklärt habe, dass ich das auch selbst tun kann. Gut, nach meinem Bandscheibenvorfall ist das für mich etwas schwieriger geworden. Oder auch nicht. Der Effekt eines „armen, fast verhungerten UND gelähmten Dackels". Noch besser als alles, was ich bisher kannte. In jedem Geschäft, das der Chef mit mir aufsucht, werde ich bedauert. Und bedauert bedeutet konkret: ich bekomme irgendetwas – und wenn es nur die Wurst vom Brötchen des Angestellten-Mittagessens ist. Mindestens werde ich gestreichelt und gekrault. Auf jedes „ohhhh" von vorbeigehenden Menschen reagiere ich mittlerweile besser als auf jeden Kommentar meines Chefs. Hunde sollten viel mehr auf ihre Umgebung achten, Spaziergänge werden echt unterhaltsam, für den Chef kommunikativ und für mich fast immer lohnend. So schnell, wie mir Leckerchen in den Rachen geschoben werden, kann ich oft gar nicht reagieren. Der Chef erst recht nicht. Er ist da oft recht ungehalten - kein Wunder, ich schlucke natürlich hinunter, was man mir anbietet. Oft würge ich es später wieder hervor (wenn es dann doch nicht geschmeckt hat). Aber ich bin ja nicht unhöflich - und tue es erst, wenn der edle Spender nicht mehr in Sichtweite ist. Manchmal halt auch erst im vertrauten Umfeld meiner Wohnung - wo der Chef es dann entsorgen muss. Ist sein Job, oder etwa nicht?

Ich erwähnte es schon: mein Aussehen ist bei der Menschenerziehung sehr hilfreich. Menschen neigen dazu, meine Intelligenz durch Vergabe von Attributen wie *süß* und *niedlich* zu unterschätzen. Es gibt für einen Dackel viele Möglichkeiten, Menschen zu manipulieren, am leichtesten funktioniert allerdings der weltberühmte Dackelblick. Ich habe mittlerweile bemerkt, dass wirklich fast jedem erwachsenen Menschen, dem ich begegnet bin, diese ultimative Waffe bekannt ist. Und dennoch verlangen die Zweibeiner förmlich nach ihr – obwohl sie wohl wissen, dass sie, wenn diese Dackelerziehungshilfe eingesetzt wird, dem Krummbein und seinen Wünschen hilflos ausgeliefert sind. Andere vierbeinige Vertreter versuchen regelmäßig, die dackeleigene Mimik zu imitieren. Aber, unter uns: nur ein Dackel bekommt diesen einmaligen Gesichtsausdruck auf Kommando so überzeugend hin.

Ich habe meinen Chef bereits mehr als einmal dabei ertappt, dass er versuchte, meinen Blick zu imitieren. Er war nicht schlecht dabei, das gebe ich zu. Ihm fehlt aber ein ganz wichtiges Merkmal: die hängenden Ohren.

Dackelohren. Lang und für Menschen aller Altersgruppen faszinierend.

Kleine Kinder, die die Erlaubnis bekommen, einen Dackel zu streicheln, haben meiner Erfahrung nach zwei bevorzugte Körperstellen, an denen der Dackel mehr oder weniger zärtlich getätschelt wird: auf dem langen Rücken kurz vor dem Schwänzchen - und an den verführerisch baumelnden Ohren. Und auch bei Erwachsenen beobachte ich oft, dass es in erster Linie meine Ohren sind, die gekrault und liebkost werden. Oft höre ich den absurden Begriff "Konstruktionsfehler", denn meine Ohren klappen häufig um und verlangen offenbar geradezu danach, von Menschenhand wieder auf die Werkseinstellung zurückgesetzt zu werden. Sehr häufig trage ich mindestens ein Ohr "offen".

Wenn der Wind weht, heben meine Lauscher sehr oft ab, dann fällt oft der seltsame Name *Dumbo*, wer auch immer das sein mag. Auch, wenn ich meine Ohren nicht wirklich aufstellen kann: ich kann sie bewegen und meiner Mimik mit ihrer Hilfe eine besondere Ausdruckskraft verleihen. Was ich selbstverständlich auch tue. Nebenbei ist es gar nicht schlimm, dass meine langen Ohren nicht komplett aufgestellt werden können. Sagte ich schon, dass Menschen oft selbst eine Ausrede für ihre Erziehungs-Unfähigkeit suchen?

Schlechte Akustik ist ein schönes Beispiel:

„Der Hund kann mich und meine Befehle vermutlich gerade nicht hören - kein Wunder bei den langen, den Gehörgang verdeckenden Ohren." Ausreden sind für Menschen ja so wichtig.

Das noch so leise Öffnen einer Kühlschranktür dagegen dringt immer und sofort in den dackeligen Gehörgang ein. Da heißt es dann plötzlich: Selektives Hören in Vollendung. Auf die Idee, dass ich zwar sehr gut hören kann - das Ganze aber nichts mit „Gehorchen" zu tun hat, ist wohl noch niemand von den Zweibeinern gekommen. Nun ja. Die sich selbst für so schlau und überlegen haltenden Menschen sind einem Dackel halt nicht wirklich gewachsen - das habe ich recht schnell gemerkt.

Bedeutet im Umkehrschluss für mich: die Menschen wissen genau, dass meine Ohren wie bei jedem anderen Hund auch sehr fein sind und ich trotz der Schlappohrigkeit auch kleinste Geräusche sehr wohl wahrnehme. Aber wenn der Mensch mir eine Ausrede quasi auf dem Silbertablett präsentiert - nun, erspart mir Diskussionen und wird daher sehr gerne angenommen. Ich kann meine Ohren zwar nicht senkrecht aufstellen, bin aber in der Lage, sie fliegen zu lassen - auch ganz ohne Wind. Verleiht mir einen offenbar sehr hilfsbedürftigen, verletzlichen Ausdruck - erinnert dann oft an eine Fledermaus, sagen die Menschen. Was für ein Quatsch - Fledermäuse haben nicht so wunderbar weiche Hängeohren wie ich. Ich sag ja: Menschen...

Wenn alles andere nicht hilft: Ohrenspiel geht immer. Leicht hochgezogene Brauen, sehr große, dunkle Augen und hängende Ohren zeigen einen sehr traurigen, schuldbewussten Dackel. Selbst sehr hartgesottene, wütende Zweibeiner können da nicht lange den strengen Tonfall beibehalten - der kluge Dackel bemerkt das leichte Zittern im menschlichen Blabla sofort - und weiß, er ist auf dem richtigen Weg. Menschen sind so leicht zu manipulieren und vor allem: durchschaubar wie ein neues, klares Glas. Zweibeiner verlangen geradezu danach. Eine der Lebensaufgaben eines Hundes. Mit der Kombination aus im richtigen Winkel, der Situation angemessenen, hängenden oder leicht aufgestellten Ohren und dem Blick aus großen, noch dunkler als sonst wirkenden Augen bekomme ich von den Zweibeinern alles, was ich mir wünsche, mildere oder verhindere gar Strafpredigten und werde immer wieder in meiner heimlichen Rangordnung im Rudel bestätigt. Die langen Ohren sind universell einsetzbar. Leicht angespannte Ohren in Kombination mit einem, mal nach links, mal nach rechts, schräg gelegten Kopf zeigen meine positive Aufmerksamkeit. Kein Mensch wird mich mit einem solchen Gesichtsausdruck lange ignorieren können. Bei unerwartet doch negativer Rückmeldung hilft das anschließende Hängenlassen der Ohren mit nahezu einhundertprozentiger Wahrscheinlichkeit dann doch noch bei der Umsetzung meiner Wünsche. Ich selbst habe bisher keinen Menschen kennen gelernt, der meinen langen, weichen, beweglichen, je nach Bedarf eingesetzten Lauschern auf Dauer widerstehen konnte. Eigentlich verstehe ich auch nicht, warum es „Dackelblick" heißt. Treu schauen können alle Hunde. Aber die richtige Kombination mit den Ohren ist es, die uns Dackel weiter bringt. Menschen halt - sehen oft nur das Vordergründige. Leider sind wir Hunde zwar nicht so lange auf dieser Welt, wie ein durchschnittlicher Mensch. Aber im Vergleich zu vielen großen vierbeinigen, bellenden Kollegen verbringen wir Dackel doch oft einen sehr langen Zeitraum mit unseren Menschen - und viele Menschen sind mehr als bereit, sich der subtilen Erziehung eines Dackels zu unterwerfen. Aber sie dürfen es natürlich anderen Zweibeinern gegenüber nicht zugeben. Unter Menschen ist die Rangordnung noch wesentlich wichtiger als in einem Hunderudel. Eine von Anfang solide gelegte Grundlage erleichtert uns (und auch den Menschen) das Leben sehr. Ich spreche aus Erfahrung. Und, ganz ehrlich: ist es nicht unser aller Ehrgeiz, unser Hundeleben möglichst angenehm zu gestalten? Eine frühe, erfolgreiche und konsequente Grundausbildung der Menschen ist das A und O für ein langes und dackelentspanntes Zusammenbleiben.

Ich bin jetzt schon mehr als sieben Jahre alt – und mittlerweile leider gehandicapt.

Dackel sind im Allgemeinen nicht so überzüchtet wie manche Modehunde der heutigen Zeit (okay, manche schon – Menschen halt: gut ist ihnen ja bekannterweise nicht gut genug). Aber wir haben durch unseren Körperbau leider ein paar nicht unerhebliche Schwachpunkte. Einer davon ist unser Rücken. Sogar eine Krankheit wurde nach uns benannt, die berüchtigte und gefürchtete Dackellähme – diesmal ein zweifelhafter Ruhm.

Leider hat es auch mich getroffen. Bandscheibenvorfall. In jungen Jahren; ich war gerade mal fünf Jahre alt, als es mich plötzlich im Rücken schmerzte. Der Chef schimpft oft mit sich selbst – murmelt dann Worte wie Treppenstufen, ins-Bett-springen-lassen und ähnliches. Ich glaube, er macht sich wirklich große Vorwürfe – auch wenn ich selbst nicht verstehe, was das jetzt genau mit meinen Rückenschmerzen zu haben kann.

Zur Ehrenrettung meiner Menschen muss ich hinzufügen, dass ich vorher nie krank war. Den Tierarzt sah ich zwar regelmäßig, aber selten. Als mir plötzlich der Rücken sehr, sehr weh tat, bemühte ich mich, es meine Menschen nicht merken zu lassen. Ich wollte ja nicht, dass sie sich Sorgen machten. Dennoch fiel mir das Laufen plötzlich schwer. Kein Wunder, wenn jede Bewegung schmerzt. Der Chef, zwar erfahrene Dackelmama (ja, mein Chef ist weiblich!), hatte mit kranken Dackeln wenig Erfahrung. Meine Laufunlust wurde zunächst auf das warme Wetter geschoben. Dann auf meinen bekannten, manchmal nervösen Magen. Der Besuch beim Tierarzt wurde, sicher auch mit Blick auf das von mir absolut ungeliebte, aber dafür notwendige Autofahren hinausgeschoben. Als wir dann doch dort vorbeischauten, tendierte das weißgekleidete Zweibein mit der Gewalt über die in meinen Popo pieksenden Dinger zunächst dazu, der vom Chef mitgelieferten Erklärung für meine Laufunlust Glauben zu schenken. Ich sage Euch, Tierärzte sind nicht immer doof. Manchmal können sie echt helfen. Wenn man (ob Mensch oder Hund, lasse ich jetzt mal offen) sie lässt.

Ich wurde jedenfalls zunächst wegen meiner Magenprobleme behandelt, bekam schlecht schmeckende Tropfen und ein Spezialfutter (über dessen Kosten der Chef stöhnte), das aber wirklich lecker war – Fisch. Ich liebe Fisch. Allerdings änderte das Futter überraschenderweise nichts an meinen Rückenschmerzen, die ich nach wie vor hatte. Ich lief weiterhin unwillig. Kannte ich sonst nicht – war doch der große Spaziergang mein Tageshighlight, zusammen mit den Streicheleinheiten, den Spielstunden, den Ausflügen in meinen Garten und in die Nachbarschaft und den Erkundungsgängen im Haus. Nun machte alles keinen großen Spaß mehr – der Chef bemerkte es auch. Und wir mussten wieder zu dem anstrengenden Menschen mit den pieksenden Dingern in diese sehr seltsam riechenden Räume. Und plötzlich ging alles ganz schnell. Ich musste still unter einem großen Gerät liegen – wurde anschließend vom Chef wieder in dieses brummende, geheimnisvolle Ding gepackt, das mich nach einer schaukelnden, magenbedrückenden Zeit an einem völlig anderen Ort wieder ausspuckte. Ab diesem Zeitpunkt war mein Leben nicht mehr wie gewohnt – und ich gebe zu, dass ich zu dieser Zeit auch kein Interesse an irgendwelcher Erziehungsarbeit der Zweibeiner hatte.

So ungerne ich es sage, manche Zeiten fehlen mir völlig. Ich war in einer mir fremden Umgebung, mir tat zwar nichts mehr weh, aber ich merkte, dass mein Körper mir nicht so gehorchte, wie ich es gewohnt war. Und mein Chef hatte mich offenbar verlassen. In dieser Situation, in der ich ihn mehr als jemals bisher gebraucht hätte. Er war nicht bei mir. Natürlich, es gab viele andere Menschen, die um mich waren, die sehr nett zu mir waren, mir Futter vor die Nase hielten (das ich nicht mochte – der Chef hätte das gewusst!), mich auf eine Wiese trugen, die ich aber ohne die mir nun doch sehr fehlenden, mahnenden Blicke des Chefs auch nicht umgraben wollte. Irgendetwas stimmte nicht, das merkte ich. Und mein Chef war nicht da – nur fremde, dackel-unerzogene Zweibeiner. Ich fühlte mich sehr allein. Und da ich auch nicht „ich selbst" war (im Nachhinein weiß ich, dass Zweibeiner Dinge besitzen, die sie *Medikamente* nennen), war ich versucht, aufzugeben und mich in mein Schicksal zu fügen. Ich war allein. Der Chef hatte mich offenbar vergessen. Ein schlimmes Gefühl. Ich konnte nicht laufen – eine Erkenntnis, die mich wie ein Schlag traf. Meine hintere Hälfte (und die ist bei einem Dackel ziemlich lang) widersetzte sich meinen Befehlen. Ich vernahm Sätze des betreuenden Personals: „Schade drum, das wird nichts mehr... Wer sagt es dem Frauchen...?". Damals konnte ich damit nichts anfangen – hatte allerdings auch den Chef offenbar echt unterschätzt. Denn plötzlich stand der Chef im Raum, sein Ton war streng und fordernd – allerdings nicht nicht auf mich gerichtet – das merkt ein Dackel sofort. Und plötzlich lag ich in den geliebten Armen. Meine Welt war wieder in Ordnung: der Chef hatte mich nicht vergessen, er hatte mich gerettet. Ich ließ mich freiwillig und sogar gerne in das rumpelnde Gefährt legen, von dem ich ja schon wusste, dass es mich an einen völlig anderen Ort katapultieren würde. Egal, wo wir hinfuhren, ich hoffte nur, dass der Chef an meiner Seite bleiben würde. Und das tat er.

So wie damals, als ich zum ersten Mal in meinem damals neuen Heim übernachten sollte, blieb der Chef bei mir. Ganz nah. Ich wollte ihn damals nie wieder weg lassen. Obwohl ich merkte, dass irgendetwas nicht stimmte. Denn ich konnte mich nicht bewegen. Das machte mir, als stolzem Dackel, zugegebenermaßen etwas Angst. Die aber gedämpft wurde, denn der Chef war da. Ganz nah bei mir. Wir standen diese schlimme Zeit, an die ich mich nur noch bruchstückhaft erinnere, gemeinsam durch. Nach und nach kam ich zu mir, realisierte, dass meine Hinterbeine mir halt nicht mehr gehorchen wollten – und irgendwie auch nicht mehr zu mir gehörten. Der Chef trug mich auf meine Pinkelwiese und legte mir ein Handtuch unter den Bauch, um den nicht mehr funktionierenden hinteren Bereich meines Körpers so zu tragen. *Vorne* funktionierte alles langsam wieder. Fressen ging übrigens immer – aus irgendeinem Grund gab es plötzlich nur noch leckere Dinge – Fisch und frisches Fleisch. Und mehrmals am Tag sogar die sonst streng reglementierte Salami und den Käse. Gut, ich erkannte schnell, dass das Knistern von Verpackungen, denen eine kleine, echt übel schmeckende Tablette entsprang, irgendetwas damit zu tun haben musste. War mir aber egal. Hallo? Salami! Köstlich.

Aber ich konnte mich nicht kontrollieren. Pippi lief einfach so – ob der Chef nun auf meinem Bauch herumdrückte oder nicht. Selbst der Tierarzt, den ich in dieser Zeit täglich so oft sah, verzweifelte an mir. Und piekste mich in den Bauch. Ich schlug ihm ein Schnippchen – denn ich merkte den Stich gar nicht, habe ich aber niemandem erzählt.

Der Chef kaufte, mit, wie er später irgendwann mal zugab, hochrotem Kopf, Gleitgel. Und popelte mir im Allerheiligsten herum. Er verschaffte mir damit ungeheure Erleichterung. Vielleicht hilft es dem Chef, wenn er meine Aufzeichnungen hier liest.

In der nächsten Zeit merkte ich dann wieder einmal, wie viel Glück ich mit der Auswahl meiner Menschen hatte. Meine Zweibeiner taten so viel, um mir mein Leben, so, wie es jetzt eben war, erträglich zu machen. Da sie Angst hatten, mir weh zu tun, wenn sie mich herum trugen, wurde ich in einem meiner zahlreichen Körbchen wie in einer Kutsche durch die Wohnung gezogen.

Ich bekam Massagen, Krankengymnastik, einen Rolli, der Chef probierte viele „Geheimmittel", die er im Internet finden konnte, an mir aus. Im Endeffekt änderte es damals nicht viel – aber es gab mir meinen Lebenswillen zurück. Und führte mir meine eigene Lebensaufgabe deutlich vor Augen: meine Menschen konnten ohne mich vermutlich nicht überleben – sie taten ja schließlich nahezu alles für mich. Ich beschloss, die Liebe, die mir ständig entgegenschlug, auch weiterhin zurück zu geben. Ich war wieder da. Und ich habe es bisher nicht bereut.

Ob alle Dackel so reagieren...? Ich weiß es nicht.

Es gibt viele verschiedene Dackel-Arten. Ich habe einige kennen gelernt. Und es wird Zeit, einmal ein wenig Grundwissen weiter zu geben:

Der Dackel gilt als urdeutsch. Kein Wunder, erinnert er doch von der Statur her manchmal sehr an eine Wurst (sehr lecker, daher vermutlich auch das bekannteste deutsche Hauptlebensmittel Nr. 1). Deutschland ist Export-Weltmeister - und das zeigt sich auch beim Hund: aufgrund der Statur und der bodennahen Bauweise stehen Dackel weltweit oft Modell für z.B. Hutablagen-Wackeldackel, Zugluftstopper oder Fast-Food (Hot-Dogs) und bringen damit ein wenig typisch deutsches "Dackellife" in die große weite Welt. Die Besonderheit unserer Rasse beginnt schon beim Namen: viele gleichberechtigte Bezeichnungen, eine Hunderasse: Dackel, Teckel, Dachshund. Wer jedoch meint, Dackel sei gleich Dackel, irrt gewaltig. Denn es gibt Grundsätzliches, das alle Dackel eint: Hartnäckigkeit, Intelligenz und Souveränität gehören mit Sicherheit dazu.

Für jede Haarvorliebe gibt es den passenden Dackel (natürlich auch jedes Mal in verschiedenen Farben):

Zottige Zeitgenossen, für die es keinen Bad-Hair-Day gibt („das muss so"). Sehr praktisch: mangelnde Fellpflege, Parasiten und Übergewicht werden durch die krausen und drahtigen Fellbüschel gut kaschiert. Die zottige Out-of-Bed-Frisur gibt diesem Dackel einen ständig verschmitzten Ausdruck. Gemeint ist natürlich der menschengeprägte Begriff *Rauhaardackel*.

Außerdem sind da natürlich Langhaardackel, deren langes Fell (wahrscheinlich) über die Kürze der Beine hinwegtäuschen soll. Diese Art ist oft bei Haltern mit nicht halb so prächtigem eigenem Haupthaar anzutreffen. Hier kann und muss der tägliche Kämm- und Pflegewahnsinn der Frauchen (und auch der Herrchen) ausgelebt werden. Nebenbei eignen sich diese Exemplare (ebenso wie alle anderen Dackel) sehr gut als Unkrautpfleger im heimischen Garten, da sämtliche Kletten, lose Ästchen und anderes nicht benötigtes Zeugs vom langen Haar problemlos und in kürzester Zeit eingesammelt werden. Diese elitäre Dackelart wäre gerne etwas Besseres als der gemeine Straßendackel. Der vornehme Langhaardackel geht nicht spazieren, er flaniert.

Dann gibt es noch den Kurzhaardackel, von der Fellseite her sehr pflegeleicht. Abgesehen vom Haarverlust – aber bei einer schnittigen Kurzhaarfrisur des Herrchens kann man die herumliegenden Haare leicht auf den menschlichen Mitbewohner schieben – gibt es Kurzhaardackel doch ebenfalls praktischerweise in den verschiedensten Fellfarben. Uns Dackel gibt es zusätzlich zu den Fellarten in verschiedenen Größen. Vom Kaninchen- über den Zwerg- zum Normal-Teckel ist für alle Freunde der laufenden Trethupe etwas dabei. Wer allerdings glaubt, ein Dackel nehme auf dem heimischen Sofa weniger Platz weg als ein Deutscher Schäferhund, hat sich noch nie dem Kampf mit einem echten Dackel (egal welcher Größe) um den besten Fernsehplatz oder die Bettdecke gestellt – und natürlich eine Niederlage einstecken müssen.

Ein Dackel ist ein ideales Haustier für eher heim- und couchbasierte Mitmenschen. Glauben nach wie vor viele unerzogene Zweibeiner. Ein weit verbreiteter Irrglaube.

Dackel gehören zu den domestizierten Hunderassen mit der bestimmt am weitesten entwickelten Intelligenz. Wir sind es von klein auf gewohnt, unsere Entscheidungen selbst zu treffen. Eine züchterische Meisterleistung, die für den ursprünglichen Einsatz als Jagdhund (über-)lebensnotwendig ist. Heutzutage leben viele Dackel im jagdfremden Umfeld als sogenannte „Familienangehörige".

Unordnung, wie herumliegende Socken, benutzte und unappetitlich beiseite gelegte Taschentücher oder nett eingepackte Geschenke werden ebenso unbekümmert durch sofortiges Zerstören besiegt wie auch ein akuter Futter- oder Aufmerksamkeitsmangel durch An-

oder Auffressen von Plüschtieren, Teppichkanten oder Tageszeitungen ausgeglichen.

Widerstand menschlicherseits ist angeblich möglich, bisher aber nur in ganz wenigen Fällen tatsächlich überliefert. Wir Dackel werden uns nicht anpassen, nur unseren momentanen Stand in der Hierarchie nach wichtigen Kriterien wie Futtermenge und -qualität, Aufmerksamkeit und Spielfaktor situationsbedingt ständig neu berechnen – und den Blick aus den großen, dunklen Augen bewusst einsetzen.

Ich selbst bin übrigens ein reinrassiger Rauhaardackel mit einer langen Ahnentafel. Allerdings war Mutter Natur offenbar zu Späßen aufgelegt, als sie mich kreierte. Denn mein Fell ist glatt, rabenschwarz und ich bin sehr klein und zierlich. Ich bin eben etwas Besonderes. Und außerdem genau der Hund, auf den der Chef gewartet hat. Alles ist gut.

Meine Ahnen waren erfolgreiche Jäger, haben ganz alleine erfolgreich Dachse in den engen Bauen gestellt. Ich selbst habe noch nie einen Dachs gejagt – meine Menschen lassen mich nicht. Aber ich spüre, dass alles, was sich plötzlich von mir weg bewegt, eine Faszination auf mich ausübt. Irgendetwas in mir besteht auf einer sofortigen Verfolgung. Mit zunehmendem Alter und wachsender Erfahrung habe ich gelernt, diesen Impuls teilweise zu beherrschen. Vögel muss ich nicht jagen. Es sei denn, sie sind frech und absolut unvorsichtig. Sonst fliegen sie in die Lüfte - einer der wenigen Orte, an die ich nicht folgen kann. Und Dinge ohne jegliche Erfolgsaussicht verfolge ich nicht weiter. Ich brauche meine Energie für die wirklich wichtigen Dinge im Dackelleben.

Meine Menschen hatten mit meinen Instinkten teilweise so ihre Schwierigkeiten. Natürlich wissen sie, dass ein Dackel kein Plüschtier ist. Auch wenn sie es oft vergessen. Mein Fehler, gebe ich zu. Es ist aber auch so schön, von allen Seiten gekrault zu werden, nicht selbst die Beine belasten zu müssen, weil der „arme Hund" getragen wird und nur wegen eines kleinen, traurigen und sehr gezielt eingesetzten Blickes allerlei leckere Dinge direkt vor die Nase gelegt zu bekommen. Da vergisst selbst ein gestandener Dackel wie ich schon manchmal seine Identität. Allerdings nicht lange. Im Gegensatz zu den Zweibeinern, die mein Verhalten selbstverständlich hinnehmen und vergessen, dass zwischen den hängenden Ohren ein scharf arbeitender Verstand sitzt. Auch ich genieße gemütliche Spaziergänge mit ausgiebigem *Lesen* der Botschaften anderer Vierbeiner am Rande des Weges. Mein Rudel vergisst dabei aber, dass Lesen und Informationen aufnehmen zwar wichtig ist, hund aber niemals die überall drohenden Gefährdungen außer Acht lässt. Nun gut, vermutlich haben die Menschen aus genau diesem Grund einen Hund. Manchmal überrascht meine Wachsamkeit die Zweibeiner. Auch wenn ich bis heute bei meinem Rudel (fast) immer so viel Futter bekam, dass es meinen Hunger stillte – so entsprach es doch nicht immer meinem Gusto. Ich bin es gewohnt, immer darauf vorbereitet zu sein, mir meinen notwendigen Lebensunterhalt selbst zu beschaffen. Ob es unbedingt selbst gefangene Mäuse sein müssen – nun gut. Darüber möchte ich jetzt nicht weiter sprechen. Die meisten Mäuse schmecken nicht – aber als Zeitvertreib und zur Steigerung des eigenen Selbstwertgefühls (ich bin nicht nur schlauer, sondern auch schneller) sind sie unverzichtbar. Als viel wichtiger hat es sich herausgestellt, in der dackeleigenen Wohnung die Plätze zu finden, an denen der Chef die wirklich leckeren Dinge vor hungrigen Dackelmäulern versteckt. Und ich weiß aus Erfahrung: da gibt es einige Verstecke. Ich musste viele (angeblich sicher) verschlossene Schranktüren öffnen, nur um festzustellen, dass lediglich eine dahinter aufbewahrte Jacke noch nach Leckerchen duftete. Meine Enttäuschung war recht groß, als ich nach meiner persönlichen Meisterleistung, den Schrank ganz alleine zu öffnen, relativ enttäuscht war, als ich feststellte, dass sich in dem verheißungsvoll duftenden Kleidungsstück maximal ein paar Krümel Essbares befanden. Aus Frust musste ich natürlich sofort den Rest des Schranks durchsuchen – wo er doch schon einmal geöffnet war. Und immer noch nichts. In meiner abgrundtiefen Enttäuschung und selbstverständlich aus meiner großen Sorge vor dem nun mit Sicherheit nahenden Hungertod probierte ich das ein oder andere Kleidungsstück. Nichts schmeckte wirklich – so lange ich auch darauf herumkaute. Und dennoch: obwohl ich nichts außerhalb meines strengen Diätplanes gefressen hatte, wurde ich von den Zweibeinern, die ja nun ungefragt zu meinem Rudel gehörten und sich nur wegen ihrer Länge als ranghoch aufspielten, zur Ordnung gerufen. Sie haben ja keine Ahnung, was es für einen Dackel (was rede ich, vermutlich für die meisten Hunde – außer den immer gehorsamen Retrievern) bedeutet, auf menschlich zugeteilte Nahrung angewiesen zu sein. Ich selbst war mir natürlich nie einer Schuld bewusst. Hätte sich doch hinter jeder von den Zweibeiner schlampig verschlossenen Tür eine Gefahr verbergen können. Wie soll ich als Beschützer des Rudels die Gefahren einschätzen können, wenn ich nicht weiß, was sich hinter den Türen verbirgt? Und wie soll ich ruhig bleiben, wenn es dahinter lecker riecht (oder einfach *nur* nach Chef – wenn ich auch weiß, dass er sich gerade nicht dahinter versteckt, na gut)? Vielleicht bin ich halt gerade sehr einsam und brauche Zuneigung? Auf diese Idee ist zumindest mein Chef nie gekommen. Er hat immer mit mir geschimpft – auch wenn ich natürlich deutlich die zurückhaltende Bewunderung im Klang seiner Stimme wahrgenommen habe – und meine eigene Bestürzung über einen offenbaren Fehler sich deshalb in Grenzen hielt. Ich glaube, der Chef unterschätzt bis heute noch meine intellektuellen Fähigkeiten. Mittlerweile weiß ich natürlich, welche Reaktion meinerseits die günstigste im Fall der Fälle ist. Wenn ich bei Dingen erwischt werde, die im Sinne des zweibeinigen Rudels aus irgendwelchen Gründen nicht als tolerierbar gelten, kann ich ein perfektes zerknirschtes Gesicht modellieren. Garniert von in diesem Fall sehr, sehr traurig hängenden Ohren. Bis heute habe ich keinen Zweibeiner getroffen, der nach der selbst auferlegten, höchstens einminütigen Strafpredigt nach den langen, weichen Ohren greifen und sie einfach streicheln musste. Menschen sind echt nicht ernst zu nehmen. Und mir zeigt es: Dackel haben definitiv mehr Geduld als die so gerne allmächtig scheinenden Zweibeiner.

Sicherheitshalber fresse ich übrigens auch alles, was sonst noch so herumliegt auf unseren Spaziergängen. Besonders frühmorgens, wenn der Chef noch müde und offenbar nicht ganz wach ist, habe ich leichtes Spiel. Dummerweise merkt der Chef aber mittlerweile aus irgendeinem Grund, wenn ich auf einer spannenden Fährte bin und verdirbt mir oft genug den Spaß. Woran er es genau merkt, weiß ich nicht. Mittlerweile glaube ich, dass ich anders atme, wenn ich eine Witterung aufgenommen habe – und versuche, eben dieses zu verhindern. Dennoch registriert der Chef es oft.

Manchmal ist es eben auch nicht gut, wenn man sich so gut kennt wie der Chef und ich.

Ich bin oft an der Leine – wenn wir mit dem Rolli unterwegs sind, bin ich sogar immer an der Leine. Und so mit dem Chef verbunden. Auch wenn mein Zweibein behauptet, nicht besonders empathisch zu sein. Er merkt immer, wenn ich besonders spannende Düfte in der Nase habe und unterbindet gemeinerweise immer den ganzen Spaß von vorneherein. Anfangs fand ich es irgendwie unfair – aber ich weiß mittlerweile, damit umzugehen.

Menschen neigen dazu, sich Beschäftigungen zu suchen: sogenannte Hobbies. Der Hund an sich gilt nicht als Hobby. Der Hund ist ein Familienmitglied – wenn der Vierbeiner Glück hat.

Nun findet der Dackel also die neue und hoffentlich endgültige Familie. Natürlich haben diese Menschen nur auf diese Erziehungshilfe gewartet – aber sich aus reiner Langeweile in der vor-Hunde-Zeit anderweitige Zeitvertreibe gesucht.

Der Chef hatte zum Beispiel früher ein Pferd – damals, lange ist es her – in der Zeit vor meinem Bandscheibenvorfall. Oh, ich liebte den Pferdestall. So viele spannende Gerüche! Und Mist zum parfümieren, wohin ich nur schaute. Gut, Pferde gab es dort auch. Anstrengend. Sie wollten sich mir nicht kampflos unterordnen. Der Chef war immer sehr nervös, wenn ich einem von diesen Riesengeschöpfen in die langen Haare direkt an den Füßen kniff – und verbot es mir. Selbst unten unter dem Bauch durfte ich nicht hindurch laufen – dabei war da wirklich genug Platz für einen niedrigen Dackel. Angeblich seien die großen, plumpen Tiere mir überlegen. Ha, das konnte ich überhaupt nicht glauben. Manchmal gab ich meinem Spaßbedürfnis nach – und ich war, wie erwartet, immer schneller als die langbeinigen Vierbeiner. Der Chef wurde dann aber nicht nur hektisch, sondern auch sehr ungehalten. Irgendwann beschloss ich, ihm mit Rücksicht auf seinen Blutdruck seine Ruhe zu gönnen. Es gab genug andere, interessante Ziele im Pferdestall. Manchmal ging der Chef mit diesem großen Vierbeiner spazieren. Und manchmal setzte er sich ernsthaft auf den Rücken dieses Dings. Er war nicht mehr in Reichweite für mich. Da er aber einen recht entspannten Eindruck dabei machte, ließ ich ihm seinen Spaß. Hatte ja auch den für mich unschätzbaren Vorteil, dass ich selbstständig die Umgebung erkunden konnte. Denn das merkte ich recht schnell: wenn der Chef erst mal oben saß, konnte er nicht schnell und unerwartet hinter mir stehen. Irgendetwas gefiel ihm an der Sache aber nicht – wahrscheinlich gönnte er mir meine Freiheit einfach nicht. Er verlangte ernsthaft, dass ich in der Nähe der sonst als so gefährlich eingestuften Hufe bleiben sollte. Menschen. Die wissen echt nicht, was sie denn nun wollen. Ich entschied, gewohnt selbstständig, dass das nicht sein Ernst sein könne. Ich sah ihn ja – und würde bei passender Gelegenheit wieder in seine Nähe zurückkehren. Wenn ich alle Löcher in der weitläufigen Landschaft untersucht, alles vor mir fliehende gejagt und die Umgebung ausreichend erkundet hatte. Aus irgendeinem Grund sah der Chef das wieder einmal anders. Ich durfte nicht mehr mit, wenn der Chef auf dem großen Ding saß. Er murmelte dann etwas von Ungehorsam und Unentspanntheit. Nun, unentspannt fand ich diese Ausflüge auch. Ständig wurde mein Name gerufen – nach dem zweiten Mal ignorierte ich diese ständige Belästigung einfach. Ich weiß, es gab andere Hunde im Stall, die es toll fanden, dumpf neben dem ungleichen

Paar her zu laufen. Rein läuferisch hätte ich diese Herausforderung spielend meistern können – aber es war mir echt zu anstrengend, auf meinen eigenen Spaß zu verzichten, nur um zu laufen. Ich bin ja schließlich kein Marathonläufer – ich bin Jäger und Sammler.

Erwähnte ich schon, dass mein Chef für einen Menschen recht klug ist? Er verstand. Ich durfte mit in den Stall, wenn das große Ding mit den langen Beinen nur gehätschelt oder auf dem eingezäunten Platz bewegt wurde. Super. Ich hatte ausreichend Zeit und Gelegenheit, mich mit den anderen Hunden am Hof zu unterhalten, Katzen zu jagen oder mich in einsamen Momenten im verführerisch durften Mist zu wälzen. Ich lernte, dass dünne Drähte mit Vorsicht zu behandeln sind, denn die geben sehr unangenehme Schläge, die durch den ganzen Körper gehen. Und ich lernte, dass der Chef zwei Befehle für mich hat, die immer ernst gemeint sind: „aus" und „bleib". Diese Zugeständnisse machte ich gerne – denn ich merkte, dass es für diese zwei Worte immer einen Grund gab – auch wenn ich ja sonst das Blabla des Chefs immer und grundsätzlich in Frage stelle. Hufhorn, das von einem Hufschmied von den Füßen dieser großen Dinger abgeschnitten wird, ist sehr, sehr lecker. Allerdings ist es offenbar nur in Maßen für einen Hundemagen verträglich. Boah, ging es mir schlecht. Selbstverständlich klaute ich dennoch dieses Horn, wann immer ich es bekommen konnte. Aber hier merkte ich, dass der Chef es echt ernst meinte, wenn er *aus* brüllte. Und ich spuckte aus, was ich im Maul hatte. Bevor ich seine Aussage auf Wichtigkeit prüfen konnte. Da es nicht sehr oft vorkam, tat ich uns den Gefallen und diskutierte auch nicht weiter. Ob es etwas mit der anschließenden Reinigung von Auto und Wohnung zu tun hatte, kann ich nicht beurteilen – aber oft war der Chef wirklich unausstehlich, wenn ich frisch geschnittenes Hufhorn fraß. *Bleib* erklärte sich nach meinem ersten Kontakt mit dem dünnen Draht von selbst. Ich bin ja nicht blöd – und verbinde heute noch dieses Kommando mit dem unangenehmen Schlag. Ich prüfe auch nicht, ob so ein unscheinbarer Draht in Nähe ist – wenn der Chef sagt: *bleib*, bleibe ich sicherheitshalber einfach da sitzen, wo ich gerade bin. Dieser Draht ist echt tückisch, kaum zu sehen und ein Kontakt ist wirklich schmerzhaft.

Ach ja, diese Zeit im Stall war wirklich schön. Leider mussten wir immer mit dieser ungeliebten Blechbüchse dorthin fahren – bis heute habe ich nicht verstanden, warum. In diesem Ding wird mir immer schlecht. Sehr schlecht. Oft musste ich mein mühsam gebunkertes Futter wieder hergeben – nicht schön. Mein Bauch fühlte sich dann immer durchgewühlt an – und ich musste viele kostbare Minuten an diesem tollen Ort damit verschwenden, um wieder zu mir zu kommen. Und dann kümmerte sich der Chef nicht ausgiebig um mich, sondern um dieses große Ding. Ich war nicht die Nummer eins – das merkte ich sehr deutlich. Ja ja, der Stall. War für den Chef und mich immer irgendwie eine Zerreißprobe. Aber schön wars trotzdem!

Viel besser fand ich es, wenn der Chef das Fahrrad aus der Garage holte. Ich wusste: endlich war der Chef mal in einem mir genehmen Tempo unterwegs! Gut, wenn ich interessante Gerüche wahrnahm, blieb ich einfach stehen. Was oft zu interessanten Bremsmanövern des Chefs führte. Aber wenn er nicht radfahren kann, ist das ja nicht mein Problem, oder? Wir waren oft sehr flott unterwegs. Ich wäre immer weiter gerannt – carpe diem – nutze den Tag! Wir fuhren nicht so oft gemeinsam mit dem Rad – und ich weiß genau, dass der Chef manchmal ohne mich mit dem komischen Ding fährt! Seit ich den Rolli habe, sind wir nicht mehr mit dem Rad gefahren. Leider. Aber ich arbeite daran.

Oft nutzen wir, warum auch immer, dieses Ding, was bei Menschen *Auto* heißt. Dumme Geschichte. Und so unnötig – ich habe doch Beine (und manchmal sogar noch zusätzlich die Räder vom Rolli...). Ich weiß, dass einige meiner Hundekollegen dieses Ding toll finden. Ich finde es furchtbar. Eine Blechbüchse verschluckt mich, es rumpelt und brummt sehr unangenehm und irgendwann werde ich wieder ausgespuckt: an einem Ort, den ich nicht kenne und der plötzlich einfach da ist. Es mag Hunde geben, die das Rumpeln angenehm finden – ich finde es grauenhaft. Auch wenn mein Chef wirklich oft auf mich und meine Bedürfnisse Rücksicht nimmt: da ist er echt kompromisslos. Das Klacken der Auto-Verriegelung höre ich auf große Entfernung. Manchmal ist es echt ein Nachteil, so klein und leicht zu sein. Trotz meiner offensichtlichen Abneigung und in den Boden gestemmten Beinen greift der Chef zur ultimativen Maßnahme: ich werde einfach auf den Arm genommen und hineingesetzt – gemein, meine körperliche Unterlegenheit einfach so kaltschnäuzig auszunutzen. Auch der sofort eingesetzte trauriger-Hund-Modus hilft mir nicht – aber bringt wenigstens dem Chef oft Kommentare von zufällig vorbeikommenden Menschen ein. Leider hat mich noch nie einer dieser Menschen vor der Blechbüchse gerettet – irgendwie halten die Zweibeiner da zusammen. Egal, ich werde weiterhin versuchen, mich vor dem Beamen in diesem Ding durch meine ureigenen Dackelwaffen zu entziehen: hängende Ohren und sehr, sehr traurige Augen. Ich bin mir sicher, der Tag wird kommen, an dem der Chef einsieht, dass dieses Blechding völlig unnötig ist. Hartnäckigkeit ist alles. Der Chef tut übrigens einiges, um mir die Reise angenehm zu machen – das muss ich ja zugeben. Es gibt dort Decken und Kuschelkissen, ich durfte schon an verschiedenen Stellen sitzen – sogar auf dem Schoß des Nachwuchs-Chefs. Nachdem ich aber meinen Mageninhalt nicht bei mir behalten konnte, durfte ich dort nicht mehr sitzen. Ich finde es einfach doof – der Chef hat sich damit abgefunden. Und zwingt mich trotzdem von Zeit zu Zeit dort hinein. Übrigens zaubert mich das Ding nicht immer an die gleiche Stelle. Manchmal ist das Ziel echt toll. Gut, manchmal spuckt es mich auch bei diesem komischen Haus wieder aus, in dem es so seltsam riecht und wo ich genau weiß, dass der Aufenthalt dort nichts mit Spaß zu tun hat. Der Chef nennt es Tierarzt. Ich nenne es langweilig und unnötig, in diesem Gebäude meine Zeit zu verschwenden. Komischerweise sind dort immer viele andere Hunde, mit denen ich aber aus mir unerklärlichen Gründen nicht spielen darf. Und es riecht dort ständig nach Katzen, Hasen und anderen, unbedingt jagdbaren Zeitgenossen. Und auch die darf ich nicht suchen. Das einzig positive dort sind die Menschen, die immer sehr lieb zu mir sind – ich bekomme auch immer die köstlichen Fischleckerchen – aber nie wird mit mir gespielt. Statt dessen muss ich still auf einem rutschigen Dings sitzen, mir werden die Lefzen hochgezogen oder ein Fieberthermometer in den Po geschoben. Nicht witzig. Wenn nun die Verriegelung von dieser Blechbüchse klackt, weiß ich aber nie genau, ob es wieder an diesen seltsamen Ort geht.

Denn manchmal eröffnet sich mir eine durchaus dackelgenehme, wunderbare Welt, wenn sich die Tür endlich wieder öffnet. Fremde Wälder, Seen oder Felder, die ich dann erkunden darf. Solange ich will! Nebenbei der einzige Grund, weshalb sich meine Gegenwehr in Grenzen hält. Darauf möchte ich dann doch nicht verzichten. Freunde werden die Blechbüchse und mein Magen deshalb aber trotzdem nicht. Es ist auch furchtbar gemein, dass ich, sobald ich dieser Maschine sitze, von meinen Menschen völlig ignoriert werde. Selbst, wenn ich erkennbar verzweifelt vor mich hin weine, kommt keine Reaktion von meinem Rudel. Warum diese Waffe dort nicht funktioniert, begreife ich nicht. Aber da ich keine unnötige Energie verschwende, ergebe ich mich dann oft in mein offensichtliches Schicksal und hoffe, dass die Welt, die mich am Ende der Schaukelei erwartet, spannend und die Strapaze wert ist. Die Dauer dieses unangenehmen Zustands ist übrigens, wie ich meine, immer gleich: zu lang.

Erst neulich ist mir der Gedanke gekommen, dass es eventuell einen Zusammenhang mit dem vom Chef zugeteilten Futter geben könnte. Manchmal scheint der Zweibeiner ein wenig vergesslich – und es gibt keine morgendliche Schüsselfüllung. Irgendwann werde ich dann in die beamende Blechbüchse gesetzt – über den Zusammenhang muss ich bei Gelegenheit mal nachdenken, glaube ich. Dabei bin ich so stolz auf mich, dass ich den Chef nach langer, harter Arbeit endlich dazu gebracht habe, meine persönlichen Vorlieben bei der von Menschen zugeteilten Nahrung zu begreifen. Das war ein hartes Stück Arbeit. Selbst für mich als Dackel. Als ich mein neues Rudel erwählte, kannte ich nur das harte Futter, das sorgsam gekaut werden muss. Manchmal waren es große Brocken, manchmal kleine, sie schmeckten unterschiedlich, aber in meinem Revier gab es auch keine Alternativen (die Hühner waren ja hinter einem undurchdringbaren Zaun geschützt – und Blumenzwiebeln schmecken nicht, so viele ich davon auch ausgrub und kostete). Mein damaliger Chef war absolut unansprechbar und unbeirrbar, was das Futter anging – das lernte ich schnell. Wenn ich das Futter nicht anrührte, verschwand es. Hunger ist gemein. Also fraß ich es. Nach wenigen Tagen in meinem neuen Heim stellte ich fest, dass der neue Chef da wesentlich mehr Erziehungspotential besaß. Verweigerte ich das Futter, gab es ein anderes. Spannend. Ich bin ein

Hund, ich lege zwar keine Wurstvorräte an, kann aber locker ein paar Tage ohne Futter auskommen, wenn es der Erziehung meiner Menschen dient. Es geht ja um mein Futter und meinen Magen. Aber wenn ich einen Tag das zugeteilte Futter verweigerte, wurden die Zweibeiner nervös. Und spätestens am nächsten Morgen wartete ein anderes Futter im Napf auf mich. Okay, verstanden. Ich testete den neuen Magenfüller natürlich gerne. Natürlich hatte ich längst verstanden, dass es offenbar eine unendliche Menge dieser Bröckchen gab. Nach drei Tagen beschloss ich regelmäßig, dass es Zeit für eine neue Geschmacksrichtung sei und verweigerte die Nahrungsaufnahme. Für einen Dackel kein Thema – ich wusste, ich könnte mich im Notfall auch selbst versorgen. Der Mensch reagierte, wie immer, prompt. Am nächsten Tag war mein Napf mit Klümpchen mit neuen, spannenden Gerüchen gefüllt. Manchmal bekam ich Bauchweh von diesen Brocken – dann verschwanden sie wie durch Zauberhand. Ungefähr zeitgleich entdeckte ich, dass Menschen Dinge zu sich nehmen, die bei Weitem nicht so anstrengend zu kauen sind wie diese trockenen Klumpen. Ich gehöre zum Rudel – ich wollte auch diese Dinge essen, die die Zweibeiner so schätzten. Warum ich diese Dinge nicht haben darf, erschließt sich mir bis heute nicht. Nachdem ich mich in meinem neuen Heim sicherer fühlte, beschloss ich, die Nahrungsfrage ernsthaft in Angriff zu nehmen. Ich verweigerte dieses staubende Zeug, das mir allmorgendlich in die Schüssel gefüllt wurde. Und siehe da, nach gerade mal drei Tagen duftete es eines Tages verführerisch aus meinem Napf. Ich schaute skeptisch nach – und konnte dieses Futter in wenigen Sekunden herunterschlingen – ohne nennenswert zu kauen. Toll. Es war nur sehr wenig, aber für eine Steigerung der Menge würde ich sorgen. Nach wenigen, futtertechnisch entspannten Tagen war die Ruhe allerdings vorbei und ich fand wieder diese trockenen Dinger in meinem Napf vor. Ich kann Euch sagen, es war lange, harte Arbeit, bis der Chef merkte, dass ich mich immer wieder weigern würde, dieses Zeug zu mir zu nehmen. Und es dauerte, obwohl der Chef von mir als für einen Zweibeiner relativ intelligent eingeschätzt wird, doch seine Zeit, bis er verstand, dass ich das feuchte, weiche Futter *immer* fresse. Manchmal bekam ich Bauchweh – manches Futter schmeckte aber auch wirklich seltsam. Dennoch musste ich natürlich, rein aus erziehungstechnischen Gründen, immer alles auffressen. Sonst hätte es sicher wieder diese trockenen Brocken gegeben. Den wirklichen Durchbruch erreichte ich erst, als ich wegen meiner Rückenschmerzen die Kontrolle über mein Hinterteil verlor. Ich weiß, dass es noch da ist – aber es gehorcht mir nicht mehr wirklich. Sehr seltsames Gefühl. „Drücken" geht nicht mehr richtig. Manchmal merke ich, dass sich da etwas tut und *etwas* hinaus möchte. Manchmal nicht. Der Chef hat erkannt, dass feuchtes Futter seinen Weg nach draußen leichter findet und für mich weniger Stress bedeutet. Oft hat er nachgeholfen – eine für beide Seiten eher unangenehme Prozedur. Ich bekomme nun immer morgens leckere Dinge aus Büchsen. Natürlich viel zu wenig. Aber der Chef ist glücklich, wenn ich die Schüssel bis zum letzten Rest leer schlecke – ich kann schlingen, ohne mich groß anstrengen zu müssen (dass mein Futter in Wasser und etwas, das der Chef *Öl* nennt) schwimmt, ist mir in diesem Moment ziemlich egal. Seit ich den Chef soweit erzogen habe, haben sich endlich die Diskussionen über meine rudelinterne Nahrungsaufnahme erledigt. Sehr entspannend. Selbstverständlich habe ich spätestens nachmittags wieder Hunger – denn die Menge, die ich morgens bekomme, ist nicht ausreichend. Habe ich dem Chef schon oft durch traurige Blicke mitgeteilt – aber morgens ist er offenbar nicht aufnahmebereit. Nun gut, mein größter Hunger ist morgens zunächst gestillt – ich kann warten. Erfahrungsgemäß folgt ja dann meine Zeit – die Zeit, in der ich in Ruhe schlafen, sonnen oder die Wohnung erkunden kann. Und wenn dann meine Crew wiederkehrt, stehe ich im Mittelpunkt.

Es hat ein wenig gedauert – aber dann habe ich sehr schnell begriffen, dass Menschen sich selbst und ihre Erfolge irgendwie über die Nahrungsaufnahme definieren. Ich persönlich wäre ja mit ausgiebigen Kuscheleinheiten auch schon sehr zufrieden gewesen – aber wenn meine Menschen mir selbst für Kleinigkeiten unbedingt ein lecker schmeckendes Ding vor die Nase halten, nun gut. Da verzichte ich dann doch gerne auf die erwarteten Kuscheleinheiten – die ich, wie ich recht schnell lernte, dennoch und *on top* bekam. Liebe Kollegen, wenn ich eins gelernt habe: Menschen schreien förmlich nach Erziehung. Ihr müsst nur konsequent sein.

Wenn meine Menschen die Wohnung wieder bevölkerten, merkten sie also recht schnell, dass ich nach wie vor Hunger hatte – kein Wunder, die morgendliche Ration war lange her und wirklich nur etwas für den hohlen Zahn. Nun wurde *geübt*. Ich durchschaute recht schnell, was von mir erwartet wurde. Manchmal wünschten die Menschen, dass ich mich setzte, mal sollte ich mich legen, manchmal sollte ich mich auf der einen Seite vom Menschen befinden, mal auf der anderen Seite. Die wichtigen Worte lernte ich recht schnell, die dazugehörigen Bedeutungen natürlich auch. Menschen halt – manchmal wissen sie eben selbst nicht, was sie wollen, da kann aber ja ich nichts dafür: Sätze wie „Komm, bleib hier" enthalten gleich drei Informationen für mich. Sicherheitshalber entschied ich mich für eine der Bitten und befolgte sie. Und bekam eine Leckerei dafür. Ich lernte: Menschen sind eher einfach gestrickt – sie freuen sich schon, wenn wir Dackel einfach nur mitdenken. Heute bin ich weiter: wenn ich einem Zweibeiner gegenüberstehe, weiß ich, dass es manchmal sogar eine Belohnung gibt, einfach nur, weil ich so süß und gerade da bin. Falls das nicht sofort funktioniert, spule ich mein Repertoire ab. Ich drehe mich im Kreis, lege mich, setze mich. Irgendwas wird schon passen. Und, was soll ich sagen: es klappt bei fast allen Zweibeinern (außer beim Chef, der ist da echt anstrengend und behauptet oft, dass er gerade etwas ganz anderes erwartet habe). Wenn er sich etwas konkreter ausdrücken würde, könnte ich da helfen. Aber egal – den kriege ich auch noch hin. Menschenerziehung ist eben langwierig. Und so falsch kann ich ja nicht liegen, denn bei vielen anderen Zweibeinern funktioniert meine Methode wunderbar.

Ach ja, Menschen. Ich liebe Menschen. Obwohl oder gerade weil sie manchmal echt kompliziert sein können. Es ist schon seltsam: Zweibeiner erwarten vom vierbeinigen Freund, die Bedeutung gewisser Menschenworte mit einer Hundeaktion zu verbinden. Manchmal texten die selbsternannten Rudelführer mich mit für mich wirklich sinnfreiem Blabla zu. Und erwarten von mir aber offensichtlich irgendeine Reaktion. Sind enttäuscht, wenn ich einfach nur weiterhin „lieb und aufmerksam" schaue – aber nichts tue.

Das ist, meiner Meinung nach, ein ganz großes Feld, mit dem ich mich seit einiger Zeit intensiv auseinandersetze: die Kommunikation. Für viele Zweibeiner bedeutet Kommunikation: menschenbedingte Lautäußerung. Manchmal hat Hund Glück – und der Mensch ist darüber hinaus in der Lage, die Hunde-Körpersprache als Verständigungsmittel mit zu berücksichtigen. Oft bleibt diese Beobachtungsgabe aber direkt an der Oberfläche stecken. Klar, ein Hund, der mit dem Schwanz wedelt, ist vermutlich freundlich. Aufgestellte Ohren zeigen Aufmerksamkeit. Wenn ein Hund gähnt, ist er müde. Stopp. Eben nicht. Gähnen kann, zumindest bei mir, einiges mehr bedeuten. Wenn ich gähne, entspanne ich mich – baue Stress ab. Probiert es aus, hilft ungemein. Das bedeutet aber im Umkehrschluss, dass ich vor dem Aufreißen meines Mauls sehr angespannt war. Und das verstehen Menschen nicht. Auch meine Menschen mussten lernen, mich zu verstehen. Es gab viele Missverständnisse. Wenn ich gähne, bin ich eben nicht immer einfach nur müde und entspannt, sondern stehe manchmal einfach unter Stress und versuche, mich selbst zu beruhigen.

Ein wedelndes Schwänzchen ist für nahezu alle Zweibeiner, die ich kenne, ein untrügliches Zeichen für Freundlichkeit oder Freude des Hundes. Nun, seit meinem Bandscheibenvorfall bewegt sich die Verlängerung meines Rückens nicht mehr aktiv. Meine Menschen mussten lernen, auf andere Signale zu achten. Vielleicht funktioniert unsere Kommunikation deshalb mittlerweile so gut. Das Wort *Kommunikation* kommt übrigens ursprünglich aus dem Lateinischen und bedeutet *Mitteilung*. Für Menschen wird die Bedeutung aber oft auf die akustische Verständigung reduziert. Dabei gehört doch so viel mehr dazu. Warum ich mir darüber so viele Gedanken mache? Ganz einfach: ich bin ein Hund, ich kann nicht sprechen. Jedenfalls nicht so, wie ein Mensch.

Ich fand damals mein neues Rudel und hatte das Problem, dass wir unterschiedliche Sprachen nutzten. Interessanterweise wurde von mir erwartet, die Menschensprache in kürzester Zeit zu lernen. Niemand zeigt zunächst Interesse daran, meine eigene Sprache über die offensichtlichen, einfachen Äußerungen hinaus zu deuten. Auch hier wartete viel Arbeit auf mich. Viele Menschen, die ich kennen gelernt habe, sind der Meinung, nur mit dem Mund durch Lautgebung zu kommunizieren. Da liegt oft schon großes Potential für Missverständnisse begründet. Ein Mensch, der in entspannter Haltung mit hängenden Schultern und gesenktem Kopf vor mir steht und „komm" ruft, äußert in meinen Augen höchstens eine freundliche, definitiv nicht ernst gemeinte Anfrage. Da kann er sich noch so bemühen, einen strengen Tonfall anzuschlagen - mit dieser Körperhaltung werde ich die eigentliche Unwichtigkeit dieser Aufforderung sofort erkennen - ich sehe alles zusammen - und das verrät mir die Wichtigkeit. Menschen können mit dem Mund sprechen. Muss toll sein, denn sie tun es ständig und in fortwährendem Fluss. Von mir als Dackel wurde erwartet, dass ich die für mich wichtigen Einzelworte aus diesem Wust von Worten herausfiltern sollte. Was für eine absurde Vorstellung! Der Chef musste da viel lernen.

Im Laufe meines Lebens habe ich erkannt, dass Menschen diese Art der Kommunikation aber sehr wichtig ist. Ich bin ja ein kluger Hund, also versuche ich, mich auf das Niveau der Zweibeiner einzulassen. Lautäußerung ist wichtig. Bellen aber nicht. Versteh einer die Menschen... Trotzdem versuche ich, dann eben auch auf dieser Ebene mit meinen Menschen zu sprechen. Wenn es ihnen doch so wichtig ist. Werde ich gekrault, grunze ich leise vor Entzückung vor mich hin.

Ich habe die Erfahrung gemacht, dass ich viel länger und ausgiebiger gestreichelt und gekratzt werde, wenn ich ab und zu kleine, leise und hingebungsvolle Laute von mir gebe.

Bellen darf ich nicht – dann werde ich vom Chef gerügt. Anfangs brüllte er mich an, ich solle das lassen. Nun – ich bin ein Dackel: ich kann lauter bellen, wenn das Zweibein meint, mich in Sachen Lautstärke übertrumpfen zu wollen. Irgendwann merkte das der Chef. Und sagte fortan in sehr, sehr verminderter Lautstärke genau ein Wort: „leise". Ich verstand. Es ging hier offensichtlich nicht um einen Wettkampf, es war sein Wunsch, nicht die ganze Nachbarschaft unsere Unterhaltung mit anhören zu lassen. Ich kann auch sehr leise bellen (was die menschliche Nummer drei unseres Rudels, die Bellen überhaupt nicht mag, sehr freute). Leider ähnelt mein Bellen in Zimmerlautstärke eher dem Keckern eines kleinen Äffchens. Ich bin mir nicht sicher, glaube aber, ich werde dann nicht immer wirklich ernst genommen. Aber der Chef ist glücklich. Und ich habe meine Meinung kund getan. Und selbstverständlich das letzte Wort. Eine win-win-Situation.

Wenn wir draußen sind und andere Hunde kreuzen unseren Weg, werde ich nervös. Denn ich merke, dass der Chef dann nervös wird. Warum, verstehe ich nicht. Ich bin doch dabei, er muss wirklich keine Sorge vor anderen Hunden haben, egal, wie groß die sind. Manchmal merke ich recht schnell, dass er sich wieder entspannt, weil wir die anderen Vierbeiner erkennen. Manchmal allerdings muss ich eingreifen. Vielleicht weiß der Chef mehr über die Entgegenkommenden? Sicherheitshalber weise ich dann bereits aus der Entfernung die potentiell beunruhigenden Fellträger auf meine Präsenz und Verteidigungsbereitschaft hin. Oft kommentiert der Chef mein Bellen mit dem mir bekannten Wort „leise". Ich versteh ihn manchmal echt nicht. Wenn ich fiepe wie ein kleines Äffchen: wer soll mich dann ernst nehmen...? Und wie soll ich ihn schützen? Denn ich merke doch durch das Band, das uns verbindet (die Leine), dass er unruhig wird. Aber so sind die Menschen: widersprechen sich dauernd selbst. So oft – kein Wunder, wenn man sich selbst auf *ein* Kommunikationsmittel reduziert. Besonders spannend wird es übrigens, wenn der Chef einen uns unbekannten Hund sieht, selber merkt, dass er nervös wird und sich Mühe gibt, mich das nicht merken zu lassen. Bis heute glaubt er ernsthaft, dass ich das nicht mitbekomme.

Den Opa der Familie habe ich übrigens besonders gut erzogen. Betrete ich dessen Wohnung, weiß der ältere Zweibeiner, dass er unverzüglich meinen Lieblingsball mit leckeren Dingen zu befüllen hat. Manchmal ist der Ball sogar schon entsprechend vorbereitet und muss mir nur in das geöffnete Maul gelegt werden. *Das* ist hohe Schule.

Selbst, wenn die Anweisung vom Chef kommt: genug!, reichen einige leise Beller meinerseits, dem Opa das Gefühl einer aktiven, verbalen Kommunikation zu geben. Der Ball wird erneut befüllt. Der Chef ist dann sprachlos und selbstverständlich handlungsunfähig.

Nun gut. Mein Rudel hat schon viel von mir gelernt. Ich bemühe mich, die sprachliche Verständigung von meiner Seite auszubauen, wenn sie doch für Menschen offenbar so wichtig ist – und die Zweibeiner achten verstärkt auf nicht-lautäußerungsbedingte Hinweise. Ich bleibe dran.

Es ist nach wie vor dunkel in der Wohnung. Der Chef schnarcht leise. Die Decken liegen nicht optimal um meinen wärmebedürftigen Körper gehüllt. Ich könnte selbst versuchen, mich wieder gemütlich zu platzieren. Aber wozu habe ich meine Menschen?

Ich darf nicht mehr in *meinem* Bett schlafen – und habe es akzeptiert. Zumindest zur Zeit. An einer dackelorientierten Lösung arbeite ich noch.

Also buddele ich mich polternd aus meinem Körbchen und starte, an den Bettrahmen kratzend, eine erneute Anfrage an den Chef, der spätestens jetzt mal wieder aus dem Tiefschlaf erwacht ist. Vielleicht habe ich genau jetzt den gewünschten Erfolg und werde endlich in *mein* Bett gehoben. Ich werde berichten.

Nachwort

Wenn Motte Lesen und Schreiben könnte, hätte sie vielleicht genau dieses Buch geschrieben.
Wenn Motte dieses Buch geschrieben hätte, wäre sie ein Mensch.
Die Reaktionen eines geliebten Vierbeiners in menschliche Schemata zu stecken, liegt zumindest in meiner Natur. Trotzdem oder gerade deshalb muss ich selbst mir immer wieder vor Augen führen, dass Motte ein Hund ist. Ein Dackel zwar, ja, aber eben ein tierisches Wesen, dessen Aktionen und Reaktionen von uralten, angeborenen Instinkten bestimmt werden.
Ich beobachte Mottes Verhalten, erkenne Parallelen zu menschlichem Verhalten, lege eine gehörige Portion Interpretation, Wunschdenken und Fantasie dazu und fertig ist er: mein vermenschlichter Dackel.

Ich kann damit gut leben – und mein Hund auch, denke ich. Solange ich mir von Zeit zu Zeit dann doch wieder ins Gedächtnis rufe (bzw. vom Dackel rufen lasse), was Motte ist: ein Hund. Und zwar der Beste.

Danke...

... an die treuen Leser von krummebeine.de, ohne deren Zuspruch es dieses Buch nicht geben würde, an Janet, Heike, Sabine und meinen Vater für die konstruktive Kritik.

Und der größte Dank geht an meine Dackel: an Hexe, die den Grundstein für eine dackelbestimmte Zukunft legte; an Maxi, die meinen Eltern bei meiner eigenen Erziehung in der menschlich schwierigen pubertären Phase große Hilfe leistete und natürlich an Motte, die mich immer wieder lehrt: mein Leben wird um so viel Erfahrungen reicher durch einen mitdenkenden, niemals aufgebenden und lebensbejahenden Dackel an meiner Seite.

Danke Euch allen.
Bleibt dackelig.